Hans Driesch

Die Biologie als selbständige Grundwissenschaft

Hans Driesch

Die Biologie als selbständige Grundwissenschaft

ISBN/EAN: 9783743676831

Hergestellt in Europa, USA, Kanada, Australien, Japan

Cover: Foto ©berggeist007 / pixelio.de

Weitere Bücher finden Sie auf **www.hansebooks.com**

DIE
BIOLOGIE

ALS

SELBSTÄNDIGE GRUNDWISSENSCHAFT

EINE KRITISCHE STUDIE

VON

HANS DRIESCH

LEIPZIG
VERLAG VON WILHELM ENGELMANN
1893.

DEM ANDENKEN

ALBERT WIGANDS.

VORWORT.

Die Arbeit, welche ich hiermit der Öffentlichkeit übergebe, ist trotz ihrer Einteilung in Paragraphen ein Ganzes. Obschon sie in erster Linie für Biologen bestimmt ist, darf ich vielleicht auch hoffen, dass der Philosoph, der Physiker und der Chemiker einzelne Abschnitte mit Nutzen lesen werden, wofern wenigstens dem einen daran liegt, biologisch-philosophische Dinge von einem Biologen dargestellt zu sehen, und wofern die letzteren ein allgemeineres Interesse mitbringen.

Nur andeutungsweise ist im Texte bemerkt worden, welche Gedanken mein Eigentum sind und welche ich anderen Männern, Philosophen oder Naturforschern, verdanke: der Kundige wird das leicht herausfinden und dem anderen kann es gleichgültig sein.

Der Vorwurf schwerer Verständlichkeit dürfte fast durchgängig auf den Tadler zurückfallen: allerdings habe ich einige Kenntnis der kritischen Philosophie sowie der allgemeinen Biologie, Physik und Chemie vorausgesetzt, jedoch naturgemäss nicht mehr, als ich selbst besitze und als jeder gebildete Gelehrte besitzen sollte.

Ich will nichts Abgeschlossenes in dieser Schrift bieten die Biologie in die ihr entrissenen Rechte der vornehmsten Naturwissenschaft wieder einzusetzen, das ist ihr Hauptzweck. Viele Fäden sind nur begonnen und werden sich nach philosophischer Seite vielleicht mit Erfolg weiterspinnen lassen. Dies gilt namentlich für die verschiedenen physikalischen und chemischen Exkurse, auf deren aphoristischen Charakter ich ausdrücklich hinweise; in einer Arbeit über biologische Methodik durfte hier nicht weiter gegangen werden, so gross die Versuchung dazu auch oft war und so sehr mir eine eingehende chemisch-physikalische Methodologie Bedürfnis zu sein scheint.

Der Gedanke, der mich bei dieser wie bei früheren Arbeiten ganz wesentlich leitete, ist dieser: ohne stete Berührung mit der Erkenntnislehre ist eine fruchtbare Naturwissenschaft unmöglich; dem Fachgelehrten aber steht das Recht zu, die Berührungspunkte seiner Wissenschaft mit der Erkenntnislehre, das heisst deren Methodologie, selbständig, wennschon mit steter Rücksicht auf die Ergebnisse der eigentlichen Philosophie, zu erforschen.

INHALT.

	Seite
§ 1. Aufstellung und Analyse des Problems	1
§ 2. Das Wesen der Physiologie	5
§ 3. Das Wesen des Morphologischen	12
§ 4. Die Veränderbarkeit der »Form«. Der »morphologische Reiz«	20
§ 5. Die Descendenzhypothese	26
§ 6. Rationelle Ableitung und Klassifikation	31
§ 7. Die Aufgabe der speziellen Morphologie	40
§ 8. Die Aufgabe der Physiologie	43
§ 9. Die Aufgabe der Entwicklungsmechanik	45
§ 10. Teleologie. Nochmals die Physiologie. Kausalität und Teleologie	48
Anhang. Stoff und Form	59

§ 1.

»Das Leben ist ein chemisch-physikalisches Problem verwickelter Natur, und es ist die Aufgabe der biologischen Wissenschaft, die im Gebiet des Lebenden sich äussernden Wirkungsweisen auf die Kräfte der anorganischen Natur zurückzuführen.« Wer hätte nicht diese oder ähnlich lautende Sätze zu wiederholten Malen gehört oder gelesen. Sie gelten für zeitgemäss, für modern, ein Zweifel an ihrer Richtigkeit vermag höchstens ein mitleidiges Lächeln zu erwecken.

Sind sie denn begründet? — Sie sind selbstverständlich, sagt man uns.

Möge man es uns trotzdem verzeihen, wenn wir im folgenden gerade ihre Begründung prüfen wollen. Bereits früher einmal haben wir dieses Thema andeutungsweise behandelt; wir betrachteten das Wesen der verschiedenen physikalischen Disziplinen, sahen, wie dieselben durchaus selbständig, unabhängig voneinander dastünden, und wagten zu warnen vor der festen Überzeugung, es müsse unter allen Umständen »das Leben« ein physikalisches und chemisches Problem sein, d. h. sich in das, was man Physik und Chemie nennt, auflösen lassen. Wir deuteten auch an, dass alle physikalischen Disziplinen in der Mechanik ihren gemeinsamen Berührungspunkt hätten, dass alle sich den Sätzen oder Prinzipien der Bewegungslehre fügen müssten. In diesem Sinne ist die Physik eine mechanische Wissenschaft; in diesem Sinne auch können wir dem oben citierten zeitgemässen Meinungsausdruck vielleicht die Bedeutung unterlegen, er halte das Leben für ein mechanisches oder besser mechanistisches Problem im allgemeinen Sinne, für ein Bewegungsproblem, mögen auch die bekannten physikalischen Wirkungsweisen (»Kräfte«) zu seiner Erklärung nicht ausreichen.[1]

Wir wollen im folgenden die seinerzeit angeregte Untersuchung wieder aufnehmen, aber auf weit breiterer Basis und auf anderem Wege. Zum Verständnis des folgenden ist die Kenntnis unserer früheren Ausführungen zwar nützlich, aber nicht unentbehrlich. —

Als erstes wird uns naturgemäss die Frage beschäftigen müssen, ob denn »das Leben« für uns ein einheitliches Problem, oder ob es nicht vielmehr eine Summe verschiedener, wennschon in gegenseitiger Beziehung stehender Probleme sei. Mit Leichtigkeit werden wir konstatieren, dass letzteres der Fall ist; dann aber ist gleich am Beginn der Untersuchung jener oft gehörte Ausspruch zum mindesten als nicht präcis, ja, wir können geradezu sagen, als oberflächlich erkannt.

Wenn wir prüfen, was alles wir bezüglich eines gegebenen Tier- oder Pflanzenkörpers fragen können, so erhalten wir offenbar die Zahl der möglichen biologischen Probleme. Es sollen im folgenden jedoch nur solche Fragen

[1] Entwicklungsmechanische Studien. Teil VI. 3. Zeitschr. f. wiss. Zool. 55.

gestellt werden, welche auf reine Biologie führen; die biologischen Nebendisziplinen, wie die Lehren der geographischen und geologischen Verbreitung der Formen, werden uns nicht interessieren. Da ein Tierkörper, beispielsweise ein Frosch, ein höchst zusammengesetztes Ding ist und noch dazu nichts Starres, sondern etwas vom Ei an allmählich Gewordenes, so ist die erste Frage, welche wir stellen, die, was denn eigentlich unser Objekt sei. Die Beschreibung des ganzen Entwicklungsganges vom Ei bis zum fertigen Tier ist unsere erste Aufgabe, die Aufgabe der Morphologie (Embryologie und Histologie mit eingeschlossen). Diese Disziplin wird sich nicht bei ihrem gegenwärtigen ziemlich rohen Zustand begnügen; sie wird zur analytischen Beschreibung vordringen, indem sie aktive Formbildungsvorgänge von passiven (Massenkorrelationen — Roux) sondert und erstere auf einen möglichst knappen Ausdruck zu bringen sucht; Beschreibung aber bleibt sie.

Anders wenn wir nach allgemeinen Prinzipien forschen, welche sich in der Entwicklung offenbaren. Dieses Problem der Entwicklungsmechanik geht über Beschreibung hinaus zur Theoriebildung; sein wesentliches Hilfsmittel ist das Experiment. Die Lehre vom Wachsen, der Grundbedingung aller Entwicklung, gehört gleichsam als Einleitung hierher. Letztere Disziplin wird oft der Physiologie zugestellt, eine Sitte, der wir uns nicht anschliessen. — Die Entwicklungsmechanik bietet uns ein wirkliches Problem dar; wir haben später zu versuchen in seine Natur tiefer einzudringen.

Als wichtigstes Problem von allen dürfte wohl den meisten die Antwort auf die Frage erscheinen, warum denn die vorliegende Form gerade so sei, wie sie ist, was die Ursache ihrer Existenz sei. Warum hat der Frosch Augen, einen Darm, Schwimmhäute zwischen den Zehen u. s. w.? — Von diesem Problem erwartet man ganz vorwiegend eine »Erklärung« der Formen; mit welchem Recht, wird später zu erörtern sein.

Die Frage nach den Beziehungen der Formen zu einander, ihrer Ähnlichkeit und Verschiedenheit leitet uns zum letzten Problem der Morphologie, welches wir kurz als Problem der Systematik im weitesten Sinne, oder auch als das der speziellen oder vergleichenden Morphologie bezeichnen wollen im Gegensatz zur Entwicklungsmechanik oder allgemeinen Morphologie. — Die vergleichende Morphologie gewährt zur Zeit einen wenig erfreulichen Anblick, da es ihr an jeglichem sicheren Kriterium ihrer »Homologien« etc. mangelt; sie verfährt gleichsam mehr instinktiv als bewusst und sie dürfte letzteres auch schwerlich eher vermögen, als bis ihr die allgemeine Morphologie solche Kriterien ermittelt. Zunächst kann umgekehrt letztere von ersterer lernen, indem in der Verschiedenheit der Formbildungsprozesse sich das Allgemeine offenbart. Es ist aber nicht zu vergessen, dass diese Leistung für die Systematik als solche eine Nebenleistung ist. Gerade die Verschiedenheiten, ihr Wesen und ihre eventuelle Gesetzmässigkeit sind ihr eigentliches Objekt.

Den Formproblemen der Biologie schliesst sich endlich die Physiologie, die Lehre von den Funktionen, vom Kraft- und Stoffwechsel der Organe und Zellen an.

Das »Leben« ist also eine Problemgruppe. Beginnen wir deren nähere Erörterung, d. h. prüfen wir, welcher Art jedes Glied der Gruppe sei, wie es sich verhalte zu Problemen anderer Gebiete der Naturwissenschaft. —

Wir lassen die morphologischen Fragestellungen einstweilen ausser Acht und beginnen mit dem, was in unserer vorläufigen Orientierung das Letzte war: mit der Physiologie.

§ 2.

Soweit die »Funktion« ganzer Organe in Frage kommt, hat die Physiologie häufig eine rein physikalische Lösung ihrer Aufgabe gegeben; ich erwähne nur die optische Funktion des dioptrischen Apparates des Auges, welche wir ebenso gut kennen, wie die einer Camera obscura. Anders bezüglich des Kraft- und Stoffwechsels der Zelle; weder irgend einen stofflichen Vorgang in der Zelle kann man zur Zeit »chemisch«, noch einen energetischen »physikalisch« verstehen, d. h. unter bekannte Gesetze subsumieren. Aber eine derartige Leistung wäre gerade das Wesentliche.

Woher kommt dieser Misserfolg? zeigt er nur den niedrigen Stand der heutigen Physiologie an oder ist er tiefer begründet? Mit anderen Worten: können wir nur noch nicht die organischen Kraftwechselvorgänge physikalisch verstehen oder können wir das überhaupt nicht? und wenn letzteres, welcher Art sind diese Probleme dann?

Zunächst ist an den Satz der Einleitung zu erinnern, dass der Begriff physikalisch sich nicht mit dem Begriff mechanisch zu decken braucht; letzterer ist weiter. Das heisst: ein Problem kann mechanisch sein ohne physikalisch zu sein.

Ziehen wir zur Erläuterung dieser Behauptung die Theorie des Wachsens heran, wie sie kürzlich wieder von Wiesner[1] ausgebaut ist, obschon die Wachstumslehre eigentlich

---

[1] Die Elementarstruktur und das Wachstum der lebenden Substanz. Wien 1892.

nicht in die Physiologie in dem von uns definierten Sinne gehört.

Die optische Theorie geht von einer spezifisch optischen Grundannahme aus; ebenso hat die kinetische Gastheorie ihre spezifische Grundannahme und ebenso auch die Theorie von Wiesner. Die sich teilenden Plasomen sind das Element, mit dem er operiert. Es erklärt sich aus der Beschränktheit der Thatsachen, dass seine Theorie von der Vollkommenheit der mathematischen Lehren der Physik weit entfernt ist; prinzipiell ist sie diesen gleichartig. Da sie ein ihr eignes Grundelement besitzt, darf sie nicht physikalisch heissen, denn damit wäre doch gesagt, dass sie dem Physik genannten Theorienkomplex subordiniert sei; sie ist ihm aber koordiniert. Nennen wir ihre Grundannahme eine Kraft, so kommt diese »Kraft« zu den übrigen »Naturkräften« hinzu; man wird sich nicht scheuen dürfen, dieselbe eine Lebenskraft und die betreffende Theorie Vitalismus zu nennen. Unter den allgemeineren Begriff Mechanismus könnte letztere gleichwohl fallen, zu seinen Unterarten: Optik, Thermik, Hydromechanik etc. käme eben die Vitalistik hinzu; wir könnten von mechanistischem Vitalismus reden.

Doch wir haben die Wachstumstheorie nur herangezogen, um die fraglichen Begriffe zu erläutern, um zu zeigen, dass »mechanistischer Vitalismus« kein Nonsens ist.

Wie steht nun unsere eigentliche Physiologie — und zwar beschränken wir die Erörterung auf ihren energetischen Teil — zu unseren Ergebnissen?

Wirklich physikalisch haben wir Sekretion, Bewegungsauslösung und deren einzelne Phasen nicht verstehen können. Könnten wir es etwa auf Basis spezifischer vitaler, wennschon mechanistischer Theorien, indem wir eine »Muskelkraft«, eine »Nervenkraft« u. s. w. der Wärme, Elektrizität, sowie den verschiedenen molecularen »Kräften« beigesellten? Männer von hervorragendem Scharfsinn, wie der mit unverzeihlichem Unrecht geschmähte und missachtete Wigand[1]), haben in der That diesen Ansichten zugeneigt und zwar, kurz gesagt, auf Grund der Thatsache, dass dem Organismus zugeführte Energie in äquivalentem Masse in seinen Leistungen, also in der von ihm abgegebenen Energie wiedererscheint, das heisst auf Grund dieser Art der Gültigkeit des Kraftäquivalenzsatzes am Organismus.

Hören wir Wigand selbst:

»Wenn die Vitalisten für die organischen Prozesse eine besondere Kraft, die Lebenskraft aufstellen, so ist dieses zunächst nicht weniger berechtigt, als wenn die Physiker der Anziehung des geriebenen Bernsteins die Elektrizität oder dem Fallen des Steines die Schwerkraft unterlegen. Unberechtigt würde jedoch die Annahme einer Lebenskraft sein, wenn man dieselbe als ein von der Materie ablösbares, von der allgemeinen Naturgesetzmässigkeit unabhängiges, d. h. nicht nach Ursache und Wirkung sich äusserndes, supranaturalistisches Prinzip verstehen wollte. . . . Der eigentliche Beweis, dass die Lebenskraft den eigentlichen Naturkräften koordiniert ist, liegt in der Thatsache, dass die organischen Prozesse in jene anderen Naturkräfte umgesetzt werden können, dass Muskelthätigkeit Wärme, Nerventhätigkeit Elektrizität erzeugt, und zwar so, dass diese Lebenskräfte mit den übrigen quantitativ im Verhältnis, d. h. unter dem Gesetz der Äquivalenz der Kräfte stehen. Des-

---

[1]) Der Darwinismus und die Naturforschung Newtons und Cuviers. Band 2. Braunschweig 1876.

halb kann von Lebenskraft nur im Sinne einer Naturkraft, einer Kraft der Materie die Rede sein. Dies gilt jedoch zunächst nur für die Lebenskraft im engeren Sinne, mit Ausschluss der höheren Lebensäusserungen wie Empfindung, Bewusstsein, Wille und so weiter. Aber auch in diesem Sinne würde es nicht berechtigt sein, wenn der Vitalismus den Anspruch machen wollte, durch die Lebenskraft die Lebensvorgänge erklärt zu haben oder erklären zu können, obgleich dies immerhin nicht weniger berechtigt wäre, als wenn man glaubte, durch die Elektrizität die Wirkung des geriebenen Bernsteins erklärt zu haben. Elektrizität, Licht, Gravitation sind an sich ebensowenig Erklärungsgründe als die Lebenskraft, vielmehr sind dieselben nur Wörter, wodurch wir ein Gebiet zusammenfassen und als Äusserungen einer Ursache auffassen, welche wir unmittelbar gar nicht kennen. Bedeutung erhalten jene Begriffe erst in sofern, als wir das Gesetz jener Wirkungen ermitteln, und wenn wir dieses Gesetz der unbekannten Ursache, die wir durch eine metaphysische Auffassung als eine Kraft auffassen, zuschreiben.«

So Wigand; umgekehrt Bunge[1]) in seinem bekannten Vortrag »Vitalismus und Mechanismus«. Dieser Forscher erörtert in einem besonderen Abschnitt seines Buches die Gültigkeit des Äquivalenzsatzes für den Organismus, um trotzdem mit den Worten »in der Aktivität, da steckt das Rätsel des Lebens« gegen den Mechanismus im weitesten Sinne und für das Geltendmachen psychologischer Gesichtspunkte in der Physiologie aufzutreten, ein Gedanke, den er freilich nicht weiter ausführt.

1. Lehrbuch der physiologischen und pathologischen Chemie. Leipzig 1889.

Wie kommen wir aus diesem Widerstreit der Ansichten heraus? Ist wirklich die Gültigkeit des Krafterhaltungssatzes zwingend für die mechanische Natur der physiologischen Probleme, wennschon diese zwingen würden, die Physik um eine Disciplin, nämlich die Vitalistik, zu erweitern? Oder ist etwa noch ein Punkt übersehen?

Im Centrum der Physiologie in unserem Sinne, denke ich, steht das Wort Reiz. —

Was ist ein Reiz? und in welcher Beziehung steht er zum Kraftäquivalenzsatz?

Wir können, um einen mechanischen Begriff heranzuziehen, die Zelle, um die es sich hier vorzugsweise handelt, als »System« ansehen, meinetwegen als Maschine. Eine Maschine, zum Beispiel eine Dampfmaschine, kann in der verschiedensten Weise konstruiert sein; dieselbe ihr zugeführte Energiemenge (Wärme) wird daher zwar immer als gleiche Energiemenge wiedererscheinen, der Effekt aber wird qualitativ stets ein anderer sein; eben dies hängt von der Konstruktion der Maschine ab. Ganz ebenso beim Organismus und speziell der Zelle.

Die Beeinflussung des Organismus durch äussere Agentien nennt man mit einem passenden Worte Reizung, ihre Wirkung Reizerscheinung. Gemeinhin denkt man bei dem Worte Reiz wohl immer an etwas Explosionsartiges: Spannkräfte werden der Bethätigung freigegeben, ebenso wie die potentielle Energie des Pulvers sich durch Hineinfallen eines Funkens bethätigen kann. Derartiges kommt unzweifelhaft vor, die Mimose zeigt es. Es ist aber auch eine andere Art des »Reizes« denkbar; diese ist lediglich dadurch charakterisiert, dass die »Ursache« zwar eine ganz eigenartige Wirkung erzielt, während doch der ganze Vorgang nichts

Explosionsartiges besitzt. Wir werden sagen können: beim Explosionsreiz tritt bedeutend mehr freie Energie auf, als zugeführt war, es besteht zwischen der »Veranlassung« — so muss es hier heissen — und dem Geschehen Inproportionalität; beim nicht explosionsartigen Reiz ist die im Endeffekt auftretende freie Energiemenge (von Nebensachen abgesehen) gleich der zugeführten. Letztere wirkt, wie bei der Dampfmaschine die Wärme, als »Ursache«, aber die »Bedingungen« des Systems sind die zweite und zwar wesentlichere »Ursache« dafür, dass die freie Energie gerade in dieser und nicht in jener Form auftritt. Unsere Sprache hat keine sehr bezeichnenden Worte für die beiden in letzterem Beispiel auftretenden Arten von »Ursachen«, trotzdem ist ihre Verschiedenheit klar; das Wort »Veranlassung« muss jedenfalls den explosionsartigen Erscheinungen reserviert bleiben.

Wir sagten nun, die Zelle sei ein System wie die Maschine; die Energie kann zwar das System quantitativ ungeändert passieren, aber der Effekt ist qualitativ in ganz bestimmter Weise modifiziert. Hier liegt das Wesentliche! Das Äquivalentbleiben der Energie ist für das Wesen des Systems resp. der Zelle offenbar etwas durchaus Nebensächliches, die qualitative Veränderung der Energie ist doch gerade die Hauptsache, und über den Grund dieser erfahren wir durch die Energiemessungen nichts. Werden doch auch Maschinen nicht durch das äquivalente Wiedererscheinen zugeführter Energiemengen gekennzeichnet; das ist ihnen allen ja gerade gemeinsam; das, was die spezifische Energieänderung der Qualität nach bedingt, das ist ihre Eigentümlichkeit.

Die »spezifische Wirkung« einer Maschine liegt nun aber,

wie wir sahen, in ihrer Struktur, ihrer Konstruktion begründet. Es erscheint daher durchaus nicht nötig, sie bei den Objekten der Reizphysiologie auf Rechnung des schwankenden Begriffs einer neuen »Naturkraft« zu setzen, die ohnehin bei jeder Reizkategorie eine andere sein müsste und sich schwer auch nur leidlich definieren liesse. Sie kann auf einer seltsamen Kombination bekannter Wirkungsweisen (Naturkräfte) beruhen. Hat doch vor kurzem Noll[1] in diesem Sinne die tropischen Erscheinungen der Pflanzen dem anschaulichen Verständnis in trefflicher wennschon fiktiver Weise näher gebracht und ist doch in ähnlichem Sinne eine Theorie der Muskelkontraktion von Bütschli angedeutet worden.

Kombination, Struktur aber sind morphologische Begriffe. Hat man nicht oft auch betont, die Zelle, das Protoplasma seien keine homogene Massen, seien »morphologische Gebilde«? Kann man es doch zum Teil sogar der Anschauung demonstrieren. So wäre also unsere allgemeine Untersuchung über das Wesen des Reizes zur Deckung mit auf ganz anderem Wege gewonnenen Thatsachen gelangt; ein erfreuliches Resultat.

Aber was folgt daraus? Wir gingen doch darauf aus zu prüfen, ob die Gültigkeit des Krafterhaltungssatzes am lebenden Körper genüge, die Physiologie, speziell die Reizphysiologie als mechanische Disziplin zu bezeichnen; wir stiessen dabei auf den Begriff des Morphologischen.

Was sagt nun dieser? was folgt aus ihm für die von uns studierte, soeben nochmals skizzierte Frage?

---

[1] Über heterogene Induktion. Leipzig 1892.

Unsere Betrachtung hat uns von selbst auf die zweite Reihe der biologischen Probleme geführt, auf die Formprobleme. Greifen wir diesen nicht vor. Unterlassen wir zunächst die Entscheidung der Fragen, welche die Betrachtung der Physiologie uns übrig liess, um uns dem eingehenden Studium der Formprobleme zuzuwenden und nicht nur das Wesen dieser selbst im engeren Sinne, sondern damit zugleich — und das ist die Frucht unserer bisherigen Erörterung — das Letzte des Wesens der Physiologie zu ermitteln. Die Physiologie ist, wie wir sahen, zum Teil wenigstens Formproblem.

§ 3.

Ohne Rücksicht auf eine der Unterarten des biologischen Formproblems, ohne Rücksicht also darauf, ob allgemeine oder spezielle Morphologie vorliegt, sei zunächst erläutert, was eigentlich das Charakteristische der lebenden Form ist. Wir dürfen vielleicht hoffen, dass eine solche Untersuchung gleichzeitig noch mehr leistet, als sie vermuten lässt; dass uns mit anderen Worten das Wesen des Problems auch über die Art seiner Begreiflichkeit aufklärt.

Wir haben oben gelegentlich von dem Wesen einer von Menschen erbauten Maschine geredet. Wir sahen ein, dass die Äquivalenz der einer solchen zugeführten und der an ihr als Leistung erscheinenden Energie uns über ihr Wesen gar nichts lehrt, sondern einzig über das Wesen der an ihr erscheinenden Naturkräfte; dass die Maschine durch die Art der Kombination der Teile und damit der Kräfte und durch die qualitative Art des Umsatzes letzterer gekennzeichnet wird.

Es ist eine beliebte Sitte den Organismus mit einer Maschine zu vergleichen; man thut das gern in der Absicht, damit seine »mechanische« Natur zu »beweisen«. Stellen auch wir einmal einen solchen Vergleich an und untersuchen wir, was aus ihm folgt:

Schon oben haben wir der vortrefflichen, den unsrigen verwandten Ausführungen Wigands gedacht; erläutern wir einmal an der Hand dieses Forschers das Wesen und die »Verständlichkeit« einer Uhr.

»Wenn bei einer Uhr in demselben Augenblicke, wo der Zeiger auf 12 steht, die Glocke zwölf schlägt, obgleich die Bewegung des Zeigers keinerlei Einfluss auf die Zahl der Glockenschläge übt, so liegt der Grund dieser Erscheinung zwar einerseits in dem rein mechanischen Verlauf der beiden voneinander unabhängigen Getriebe, des Gehwerks und des Schlagwerks; auch die Art und Weise, wie beide Mechanismen und zwar ebenfalls unabhängig durch verschiedene Arbeiter zu Stande gekommen sind, ist nichts anderes als eine Reihe von Ursachen und Wirkungen im Sinne des Kausalprinzips. Der nächste Grund aber für jene Koinzidenz liegt in dem Plan der Konstruktion, entspringt aus der Berechnung des Meisters und weiter zurück aus der Absicht, jene Koinzidenz zwischen Stellung des Zeigers und Schlag der Glocke herzustellen, so dass also das, was das Letzte des ganzen Verlaufes ist, zugleich als das Erste desselben erscheint«.

Mechanisch verständlich ist also an der Uhr, und wir fügen hinzu an jeder Maschine, erstens: das Zustandekommen der einzelnen Teile, zweitens: die Wirkungsweise des Ganzen; nicht mechanisch verständlich ist, warum die einzelnen Teile gerade so und nicht anders kombiniert sind. Wir nennen das zweckmässig, denn »der Begriff von einem Objekte, sofern er zugleich den Grund der Wirklichkeit dieses Objekts enthält, heisst der Zweck desselben« (Kant).[1])

Wir sagen, dieser Teil ist hier, jener dort angebracht, damit die ganze einheitliche Maschine mit der bestimmten einheitlichen Wirkungsweise hervorgehe, oder weil sie hervorgehen soll; anders können wir über den Zusammentritt des Verschiedenartigen zum Einheitlichen, oder, was dasselbe ist, über den Begriff der Kombination schlechterdings nicht urteilen.

Es erhellt aus obigem Beispiel zunächst, »dass die Begriffe Zweckmässigkeit und Gesetzmässigkeit einander nicht widersprechen. Im Gegenteil schliesst die erstere die zweite notwendig in sich. Denn zweckmässig nennt man auch im praktischen Leben nur eine solche Handlungsweise oder Einrichtung, aus welcher die beabsichtigte Wirkung gesetzmässig und mit Notwendigkeit folgen muss; ja sie ist genau in dem Grade zweckmässig, als der beabsichtigte Erfolg die notwendige Wirkung ist.« (Wigand.)

Unser bisheriges Resultat hat uns etwas stutzig gemacht; was sollen wir hinsichtlich des Organismus, der ganz offenbar ein zusammengesetztes Einheitliches ist, daraus schliessen?

Versuchen wir einmal einen organischen morphologischen Vorgang mit einem anorganischen zu parallelisieren. Die Camera obscura ist auch eine Maschine; ihre einzelnen Teile sind auf durchaus mechanisch verständlichem Wege von einzelnen Arbeitern unabhängig gefertigt, der Kasten, die Linse, die Blende etc. Auch ihre Wirkung verstehen wir mechanisch in einem hohen Grade; als Zweck dagegen erscheint uns die Art der Kombination der einzelnen Teile.

Das Auge ist nun eine Camera obscura. Es müssen

---

[1] Kritik der Urteilskraft.

sich also die drei soeben erörterten Begriffe zunächst ohne Rücksicht ihrer Begreiflichkeit bei beiden Maschinen parallelisieren lassen:

Das Auge bethätigt seine optische Wirkung wie die Ca-(mera sie bethätigt

Für das Auge werden die einzelnen Teile unabhängig im Wirbeltierauge bekanntlich ausserordentlich unabhängig) voneinander durch Wachstums- und Differenzierungsprozesse hergestellt; in der Camera entspricht dem Analoges, nur dass hier nicht, wie am Auge, Handwerker und Material untrennbar sind.

Im Auge geht eine Kombination der Teile vor sich, in der Camera auch.

Nun aber weiter: die optische Wirkung verstehen wir beidemale mechanisch vollkommen. Die Herstellung von Kasten, Linse und Blende an der Camera verstehen wir mechanisch[1]), die Vorgänge des Wachsens aber und der histologischen Ausbildung verstehen wir zur Zeit nicht mechanistisch. Es steht uns jedoch vielleicht nichts im Wege, hier eine mechanistische, wennschon nicht »physikalisch-chemische« Einsicht von der Zukunft zu erhoffen (vgl. das über Wiesner Gesagte).

Wie steht es aber mit der dritten Parallele? Wir können das Zustandekommen der Kombination an der Camera nur teleologisch verstehen, indem ihre Wirkung als Zweck, als Absicht gesetzt ist; es ist schlechterdings unmöglich, diese Kombination in toto causal zu begreifen, wie es unmöglich ist, sie logisch zu verstehen, d. h. irgendwie auf

---

[1] Wenigstens die Prozesse des Hobelns, Schleifens etc.; es muss hier davon abstrahiert werden, dass naturgemäss der Grund des Vorsichgehens dieser Prozesse auch wieder ein Motiv ist.

Grund allgemein erkannter Gesetzlichkeiten als notwendig einzusehen resp. aus ihnen abzuleiten. Wenn Papierstückchen vom geriebenen Siegellack angezogen werden, so ist diese elektrische, in gewisse Nähe gebrachte Substanz erstens die zureichende Ursache der beobachteten Bewegung und zweitens ist der ganze Vorgang zu »verstehen«, d. h. er stellt sich als Spezialfall eines allgemein erkannten Gesetzes dar. Wir können zweimal (kausal und logisch) mit Erfolg »warum« fragen. Das ist bezüglich des Daseins (resp. Entstehens) einer Maschine nicht möglich, wie es unmöglich ist bezüglich der spezifischen Form eines Organismus.

Gerade das Problem, welches sich in unserer Einleitung (an dritter Stelle) als wichtigstes von allen darzustellen schien, ist also überhaupt kein Problem kausaler Forschung. Wir vermögen nicht irgendwie kausal oder logisch einzusehen, warum nun hier dann dort am Embryo Zellteilungs-, Wachstums- und Differenzierungsprozesse vor sich gehen und zwar mit dem Resultate der Bildung eines einheitlichen, einheitlich wirkenden Organismus, kurz: »wie es kommt, dass, obgleich nach dem Kausalprinzip unabhängig voneinander bald diese, bald jene Zellen wachsen und sich teilen, dennoch nicht blos ein Konglomerat, sondern ein individuell geordnetes Ganzes hervorgeht« (Wigand).

Es kann ganz allein unsere Aufgabe sein den Vorgang vollständig kennen zu lernen, d. h. das Wesentliche, Primäre an ihm, das »Vitale«, von sekundären Zerrungs- und anderen Wirkungen (Massenkorrelationen von Roux genannt) zu sondern; allgemeine an ihm zu Tage tretende Wirkungsweisen können wir ermitteln; ferner können wir seine Reaktionsfähigkeit äusseren Kräften gegenüber feststellen und zum letzten können wir ihn mit anderen vergleichen.

Doch werden uns diese positiven Betrachtungen später beschäftigen; wir wollen zunächst dem Gedanken der Unbegreiflichkeit der spezifischen Formprozesse im einzelnen nachgehen und versuchen ihn seines scheinbaren Paradoxismus zu entkleiden.

Getrennte Prozesse, die zur Einheit sich zusammenschliessen, bilden, sahen wir, das Wesen dessen, was wir spezifische Formbildung nannten: der Zusammenschluss zur Einheit bedingt es, dass uns die Gesamtheit der Prozesse in ihrer spezifischen Verteilung selbst als etwas Einheitliches erscheint, wir können sagen, sie erscheint uns als Form, wenn wir uns nur bewusst bleiben, dass dies Wort nicht im Sinne einer gegebenen geometrischen Grösse zu verstehen ist.

Der Begriff »Seeigel«, der Begriff »Frosch« ist uns durch eine Form in diesem genetischen Sinne definiert, ebenso wie uns der Begriff Eisen oder Wasser durch spezifische Dichte, spezifische Farbe, spezifische Leitungsfähigkeit u. s. w.. kurz, physikalisch gesprochen, durch seine Konstanten definiert ist, wozu noch die spezifisch chemischen Eigenschaften hinzukommen.[1] Kennen wir den Grund, warum Eisen und Wasser existieren? Nein! — So stünde also unsere obige Behauptung schon nicht mehr so isoliert da.

Wir nennen Licht und Wärme und die dem flüssigen Zustand supponierten molekularen Attraktionsweisen Naturkräfte, die physikalische Theorie ist dahin gekommen, sie sich als besondere Bewegungsarten oder als besondere »Fernkräfte« zur Anschauung zu bringen. Gut; aber kennen wir

---

1 Vgl. Ostwald, Studien zur Energetik, II. Ber. Verhandl. d. k. sächs. Ges. d. Wiss. 1892. »Die Materie ist nichts, als eine räumlich unterscheidbar zusammenhängende Summe von Energiegrössen.«

die Ursache, warum diese Bewegungsarten oder Fernkräfte oder, weniger fiktiv gesprochen, »Energiearten« existieren? Nein! —

Hierbei ist nun noch ein, schon oben angedeuteter Umstand besonders zu beachten.

Ich sagte soeben, wir vermöchten für »Wasser«, »Eisen«, »Wärme« etc. keine Ursache anzugeben, sofern wir die empirische Existenz dieser »Stoffe« und »Kräfte« an und für sich ins Auge fassen; sie sind in diesem Sinne ursachlos oder »gegeben«.

Somit ist der Begriff des »Grundes« in einer Form, nämlich in derjenigen der Kausalität, auf sie (ihre empirische Existenz an sich betrachtet) nicht anwendbar; er ist das aber ausserdem noch als **Erkenntnisgrund**, sofern wir nämlich diese Existenz nicht irgendwie als notwendig einzusehen, als in allgemeineren Wahrheiten notwendig enthalten zu erkennen vermögen. In dieser Hinsicht sind Naturkräfte und Stoffe **unbegreiflich**.

Der Satz vom Grunde[1]) als Kausalität sowohl wie als logischer Grund hat also seinen Bereich erst **innerhalb** der letzten empirischen Data, namentlich bezieht sich der Kausalitätsbegriff nur auf die nach Massgabe jener Data eintretenden Veränderungen.

Die isolierte Stellung unseres Formproblems ist nach Obigem durch doppelte Analogie gehoben.

Wie kommt es aber, dass Physik und biologische Morphologie bei dieser Übereinstimmung doch so gar verschieden

---

[1] Schopenhauer, Über die vierfache Wurzel des Satzes vom zureichenden Grunde, sei dem Studium ganz besonders empfohlen.

in ihrem Wesen sind? In der Physik ist das »Naturgesetz« mühsam zu ermitteln, gestattet dann aber Deduktion in weitem Mass; dagegen ist uns die Grundthatsache des Formbildungsprozesses unmittelbar gegeben, nur schade, für Anwendung des logischen Grundes, für Subsumptionen bietet sie keinen Raum! Wie kommt das? Kann uns ein Studium dieser Frage etwa noch weitere Aufschlüsse geben; vielleicht gar über das angeregte, aber noch nicht beendete Problem, wie Morphologie zu dem Begriff »Mechanismus« stehe?

Wenn ich sage: »dieser Körper ist elektrisch« oder »dieser Körper ist warm«, auch »dieser Körper ist flüssig«, so drücke ich dadurch Eigenschaften desselben aus; ebenso wenn ich sage: »dieser Körper hat eine bestimmte Form«. Im ersten Falle ist die Eigenschaft eine bestimmte Fähigkeit, auf andere Körper zu wirken, im zweiten bezeichnet sie einen bestimmten Zustand; bezüglich der Wirkung kann ich nun fragen: »nach welchem Gesetz wird gewirkt« und baue dann die quantitative Theorie der Naturkraft aus; bezüglich des Zustandes kann ich entsprechend nur fragen: »wie ist er«, d. h. ich kann ihn bloss beschreiben.

Wenn ich ferner sage: »dieser Körper ist elektrisch«, so genügt das, um aus der Theorie seine Wirkungsweise auf andere Körper wenigstens im Prinzip (relativ) quantitativ darzustellen (z. B. nach dem Coulombschen Gesetz), ohne dass ich weiss, wie viel Elektrizität er enthalte; aber zu sagen: »dieser Körper hat Form«, ist ein Unding, womit gar nichts gesagt ist, als dass er einen gewissen Raum einnehme, was ich a priori weiss.

Kurz: eine bestimmte Form (und ein bestimmter Stoff) entsprechen ihrem empirischen Range nach, wenn der

Ausdruck erlaubt ist, einem Naturgesetz, einer Energieart; wennschon letztere scheinbar eine weit bedeutsamere Grundthatsache ist.

Hieraus ergiebt sich nun ein Gegensatz zwischen Physik und Morphologie. Physik ist Lehre des Wirkens in quantitativer Hinsicht, der Bewegung, der Energie. Als solche nennt sie sich von ihrer allgemeinsten Unterabteilung her Mechanik, Mechanismus (neuerdings Energetik).[1]) Da aber Morphologie, sofern sie wenigstens auf das Verschiedene und Spezifische an den Formen Rücksicht nimmt, durchaus keinen quantitativen Charakter hat und nicht von Wirkungen, sondern von Ordnung (wennschon von geordnetem Werden — genetische Form) handelt, so ist sie eben kein Mechanismus, und unsere Eingangsbehauptung ist somit widerlegt.

Dem Mechanismus steht die Tektonik, oder allgemeiner (die Chemie mit einschliessend) die Qualität coordiniert zur Seite.

»Der Charakter der Natur als Mechanismus ist nur eine Seite desselben, nämlich nur insofern es sich um die Abhängigkeit zwischen den Naturerscheinungen in quantitativer Hinsicht handelt, während das Dasein und die Qualität der Naturwesen und alle qualitativen Wirkungen gar nicht zum Begriff des Mechanismus gehören.« (Wigand.)

§ 4.

Wie stimmt mit unserem ersten Resultat, dass die Formen ursächlich unverständlich sind, die Thatsache, dass

---

1) Ostwald, Studien zur Energetik. S. o.

gewisse Agentien die Formen verändern? Widerspricht sie nicht unserer Behauptung?

Erörtern wir diese Frage an einem Spezialfall und zwar an den überaus wichtigen Versuchen von Herbst.[1] Es gelang diesem Forscher, die Entwicklung von Seeigeleiern in völlig andere Bahnen zu lenken, wenn er dem sie bergenden Seewasser geringe Mengen eines Lithiumsalzes zufügte, und zwar wurden nicht etwa nur die rein physikalischen Massenwirkungen (Massenkorrelationen — Roux) durch diesen Eingriff geändert, sondern der elementare Prozess der Wachstumsverteilung selbst. Hier können wir mit Fug und Recht das Lithium eine **Ursache** der Veränderung nennen; so wäre denn also die neue Form kausal begriffen?

Unser obiger Excurs über Reize (§ 2) leitet uns hier zu Betrachtungen, welche die scheinbare Schwierigkeit überwinden werden.

Wohl ist das Lithium Ursache der Veränderung, aber **nur eine Ursache**: die zweite, für das spezifische Resultat wesentliche Ursache liegt in der Natur des betroffenen Körpers, des Echinideneies, welches eben **morphologisch reagiert**. Streng mechanisch gesprochen würde diese letztere »Ursache« als Bedingung des (betroffenen) Systems zu bezeichnen sein.[2]

Es wird nicht unnütz sein, das Gesagte durch ein der Chemie entlehntes Beispiel zu erläutern. Wenn ich dieselbe

---

1 Experimentelle Untersuchungen über den Einfluss der chemischen Zusammensetzung des umgebenden Mediums auf die Entwicklung der Tiere. 1 und 2. Zeitschr. f. wiss. Zool. 55 und Mitt. a. d. Zool. Station zu Neapel. Bd. 11.

2 Der gewöhnliche Sprachgebrauch setzt leider das Wort Bedingung oft gerade für die andere »Ursache«; wir halten uns stets an die in der Physik übliche Ausdrucksweise.

Lithiumlösung zu einer gelösten Substanz A gegossen hätte, so wäre, nehmen wir an, ein Niederschlag B entstanden; das Entstehen von B liegt doch ganz offenbar nur zur Hälfte im Lithiumsalz begründet, zur anderen Hälfte in A, was sich schon daran zeigt, dass, wenn ein Stoff A' statt des A verwandt worden wäre, auch nicht B, sondern ein anderer Niederschlag B' entstanden wäre. Ähnlich, aber noch prägnanter in unserem morphologischen Fall.

Herbst hat das Lithium geradezu als **Reiz** bezeichnet, der die morphologische Wirkung auslöst. Das ist richtig; es ist aber zu bedenken, dass das Wort Reiz in physiologischem Sinne (§ 2) **das auf eigenartiger Struktur des Substrats beruhende und bei gegebener Struktur durchaus verständliche Auftreten einer spezifischen Energieart** bezeichnet, welches durch Zufuhr einer gewissen Energie hervorgerufen, ausgelöst wird; **hier aber wird die Struktur selbst verändert.** Man rede daher zur Unterscheidung lieber von **morphologischem Reiz.**

Das Gesagte berechtigt nun zu folgender Entscheidung: der normale Echinidenpluteus und die Herbstsche Lithiumlarve sind zwei differente Naturkörper; bei beiden ist uns das Verständnis ihrer Existenz gleichermassen verschlossen; und zwar deshalb ist dies bezüglich der Lithiumlarve ebensowohl der Fall, wie hinsichtlich des normalen Pluteus, weil wir (im Gegensatz zur eigentlichen Reizwirkung) durchaus nicht vorhersagen können, sondern vielmehr empirisch ermitteln müssen, dass das Lithium den spezifischen morphologischen Effekt habe. Ganz ebenso sind Wärmeentwicklung und mechanische Bewegung unter Einfluss der Schwere die Äusserungen zweier differenter Naturkräfte, weil, obschon die eine (lebendige Kraft eines fallenden Gewichts) sich in die andere (Erwärmung der Unterlage) umsetzt, dieses Umwandlungsgeschehen als solches sich durchaus nicht nach dem Satz vom Grunde begreifen lässt, vielmehr empirisch ermittelt werden muss: nur das in Form von Wärme auftretende gleiche Energiequantum können wir begreifen, nicht aber seine veränderte Natur.

Auch bei allen rein physikalischen Erscheinungen stossen wir somit auf einen »mechanisch« nicht verständlichen Rest: alle qualitativen Differenzen der Naturkräfte sind nicht mehr »Mechanismus«. Diese Wahrheit, dass nämlich alle Ursachen in der Natur eigentlich causae occasionales seien, ist den Philosophen seit lange geläufig.

Es mag bei dieser Gelegenheit vor einem ebenso oft gehörten wie gerügten Fehler gewarnt werden: wir wissen (a priori), dass, wenn ein Stein beschleunigt fällt, eine Ursache da sein muss, die diese Veränderung bewirkt, wir erkennen empirisch als solche die Anwesenheit der Erde; wir wissen nicht, warum der Stein gerade fällt. Hierfür ist die Gravitation nicht »Ursache«, denn »Gravitation« ist nichts als ein allgemeiner Begriff einer Wirkungsart, unter den auch der beobachtete Spezialfall gehört. Das Gravitationsgesetz ist aber Erkenntnisgrund des Fallens; wir verstehen auf Grund des Gesetzes, dass der Stein so oder so fällt.

Wegen der grossen Wichtigkeit gerade dieser Dinge halten wir nochmals scharf auseinander, in welchem Verhältnis der Grundbegriff als Kausalität und als logischer Grund zu den in diesem Abschnitt erörterten Veränderungen steht, damit zugleich das Gesagte mit etwas anderen Worten zusammenfassend.

Das fallende, aufschlagende Gewicht ist **Ursache** der auftretenden Wärme nur, soweit ihr **Quantum** (die übertragene Energiemenge) oder überhaupt insoweit das Vorsichgehen irgend einer Veränderung in Betracht kommt. **Es ist nicht Ursache für das Auftreten gerade von Wärme.**

Letzteres sehen wir als Ausdruck einer den Körpern inhärierenden Fähigkeit an, womit nur gesagt wird, dass es diese Thatsache eben giebt.

»Wärme« ist das ursachlos als Naturkraft existierende Naturgesetz, welches aber jedesmal **durch** eine Causa realisiert wird. —

Das Lithium ist **Ursache** dafür, dass sich die Entwicklung des Seeigeleies überhaupt verändert; **nicht Ursache** dafür, dass sie in dieser bestimmten Weise verändert wird. Da letzteres aber für die Betrachtung das Wesentliche ist, so dürfen wir die umgewandelte Form doch in gewisser Hinsicht ursachlos nennen, obschon eine Causa ihre Existenz vermittelte.

Sie ist ursachlos, da sich der Effekt des anorganischen Agens nicht vorhersagen liess, sondern empirisch ermittelt werden musste. Aus diesem Grunde ist die »Lithiumlarve« in der That eine **neue spezifische Form.**

Die Lithiumlarve ist die durch die Wirkung des Lithiums auf das Echinidenei hervorgerufene **Naturform**, welche, obschon an sich betrachtet **ausserhalb** Kausalität sowie bestimmtem Raum und Zeit stehend, doch zu ihrer jedesmaligen an bestimmten Raum und Zeit gebundenen **Realisation** eines Anstosses (causa) bedarf. (Platonische Idee — Schopenhauer.)

Nur ein anderer Ausdruck für dieselbe Sache ist es, zu sagen, das Lithium riefe im Seeigelei eine in ihm enthaltene und gewöhnlich nicht hervortretende »Anlage« wach. Damit wäre dem betreffenden Ei eine neue spezifische Eigenschaft, nämlich eben diese Anlage zugeschrieben, an Einsicht gewonnen wäre nichts. Da es jedenfalls aber der Charakter der fraglichen Anlageeigenschaft ist, sich nur in der fertigen Form zu äussern, so ist es wohl naturgemässer, diese selbst als neu und spezifisch zu betrachten. — Aus O und H lassen sich die Eigenschaften des H_2O nicht ableiten, d. h. vorhersagen, insofern ist H_2O ein neuer spezifischer Körper; auch hier wäre mit der Redewendung, im H_2O würden gewisse latente Eigenschaften des O wach, die sich eben nur im Beisein von H bethätigen könnten, aktuell nichts gewonnen, als ein zwar richtiger aber ziemlich gekünstelter Ausdruck. —

Trat bisher der Satz vom Grunde als Kausalität auf, so lernen wir im folgenden den logischen Grund kennen.

Der Prozess der Wärmeerregung durch das Gewicht ist **verständlich** d. h. unter allgemein Bekanntes (das Naturgesetz) logisch subsumierbar nur soweit **Quantität** in Frage kommt, und das gilt bei physikalischen Wirkungen ganz allgemein. Das heisst, wir können sagen:

Obersatz: Es gilt das Äquivalenzgesetz R. Mayers.

Untersatz: Nun besitzt das fallende Gewicht diese bestimmte kinetische Energie und ist die spezifische Wärme der Unterlage diese.

Schluss: Also erwärmt sich die Unterlage auf diese Temperatur.

Nicht verständlich ist der in Rede stehende Prozess, wie oft betont, soweit das Qualitative, also das Wärmeauftreten als solches, die Existenz der Energieart »Wärme« in Frage kommt.[1]) Die morphologische Lithiumwirkung ist dagegen durchaus unverständlich d. h. unter nichts subsumierbar, da ihr nichts Quantitatives (wenigstens als Wesentliches) anhaftet. Dieser Unterschied, den unsere Beispiele bezüglich des logischen Grundes darbieten, liegt darin begründet, dass das durch die Causa realisierte Naturgesetz in einem Fall eine Wirkungsfähigkeit (Naturkraft) ist, die eine quantitative Bestimmung ihrer Grösse nötig macht (»Mechanismus«), im anderen Fall ein geordneter Formprozess (Naturform) ist.

§ 5.

Für den denkenden Leser ist im vorigen die Verurteilung der blossen Descendenzlehre ohne Angabe der umwandelnden Ursachen enthalten, wenigstens soweit dieselbe die Prätension erhebt, Einsicht und nicht vielmehr blosse unverstandene Thatsachen hypothetischen Charakters zu ermitteln. Wegen der temporären Bedeutung der Frage gehe ich etwas näher auf sie ein.

Die Descendenztheorie ist die hypothetische Annahme, dass die organischen Formen sich entweder durch »innere

---

[1] Um in der Sprache der theoretischen Physik zu reden, so sind die kausal und logisch grundlosen »Naturkräfte« die in den Grundgleichungen jedes physikalischen Sondergebietes niedergelegten Grundthatsachen: auf der Grundgleichung (Bedingungsgleichung) baut sich mit Hilfe der Mechanik die mathematische Theorie, z. B. der Elastizität, der Hydrodynamik auf, sie selbst ist empirisch gegeben. Keine Grundgleichung steht mit einer anderen in irgendwelcher Beziehung. Man vergleiche die im VI. Teil meiner »Entwicklungsmechanischen Studien« benutzten vorzüglichen Auslassungen P. du Bois-Reymonds.

Kräfte« in andere umwandeln, oder durch äussere Ursachen umgewandelt werden können. Doch muss die Umwandlung durch äussere Ursachen zu einer neuen stabilen, d. h. nicht rückgängig zu machenden Form führen, weshalb die Herbstschen Versuche nicht ohne weiteres als Stütze der Descendenzhypothese zu betrachten sind. Zuvörderst ist hier der Begriff der »inneren Kräfte« als naturwissenschaftlich nicht zulässig zu bezeichnen, sofern wenigstens damit die Existenz eines äusseren Umwandlungsanlasses in Frage gestellt werden soll; denn für jede Veränderung muss ein äusserer Anlass da sein. Wenn letzterer jedoch die Wirkung nicht erschöpft, wie uns das auch die Herbstschen Versuche zeigten, liesse sich in gewisser Hinsicht von inneren Umwandlungsfähigkeiten reden, und an diese ist bei dem meist ziemlich unbestimmten Begriff »innere Kräfte« offenbar gedacht.

Der Kern der Descendenzlehre ist die Umwandlungsfähigkeit, nicht das historische Moment, wie stets fälschlich behauptet wird. Es kann uns durchaus gleichgültig sein — angenommen die Theorie sei richtig — dass nun gerade die und die Formen auf unserer Erde realisiert sind und so und so aufeinander folgten; durchaus gleichgültig im Sinne der theoretischen allgemeinen Naturforschung, welcher der sich an bestimmte Orte und Zeiten knüpfende Begriff der Geschichte fremd[1]) ist. Die Formen selbst nach ihren Eigenschaften und nach ihrer Reaktionsfähigkeit, worauf ja eben die Umwandlung beruht, sind, wie im vorigen Paragraphen genauer erörtert, Objekt der exakten Wissenschaft.

Eine abermalige Parallele aus der Chemie mag das

---

1) Vergl. auch meine Abhandlung »Die mathematisch-mechanische Betrachtung morphologischer Probleme der Biologie«. Jena 1891. Ende.

nochmals ganz deutlich machen: es soll eine Zeit auf der Erde gegeben haben, in der die Temperatur auf ihr weit höher war, als jetzt: wir können mit Bestimmtheit sagen, dass manche chemische Verbindungen — welche eben die spezifischen Körper der Chemie ausmachen — damals nicht existieren konnten; also sind dieselben »historisch« entstanden, wir können ruhig sagen, sie stammen von anderen Stoffen ab, wennschon nicht auf dem Wege der Fortpflanzung. Aber fällt es einem Chemiker ein, in dieser »historischen Betrachtung« irgend etwas Bedeutsames zu sehen, und weiter: ist es ihm nicht völlig gleichgültig, dass nun gerade diese und nicht noch andere Verbindungen sich auf der Erde finden? Ihn interessieren nicht die zufällig vorkommenden Stoffe, sondern das Gesetz der Stoffe, die Stoffe und ihre Eigenschaften unabhängig von bestimmtem Ort und Zeit: für den mit Schopenhauerscher Philosophie Vertrauten kann ich wieder sagen: die Stoffe als (Platonische) Ideen; und was von den Stoffen gilt, gilt von den Formen, ganz gleichgültig, ob ihre Realisationsmöglichkeit auf der Erde nur zu einer bestimmten Zeit gegeben war, ob nur einmal Krebse sich aus Anneliden bilden konnten (nämlich weil sie etwa das Annelid zur Voraussetzung hatten, wie gewisse chemische Verbindungen andere), oder nicht.

Nicht die auf der Erde stattgefundene Thatsache der Umwandlung von Annelid in Krebs (die Realisation des Krebses) hat für den Forscher Wert, sondern die allgemeine Naturthatsache, dass Anneliden existieren, dass Krebse existieren, und dass eine gewisse vermittelte Beziehung zwischen beiden besteht.

Der Unterschied ist von grosser prinzipieller Bedeutung.

Hierzu gesellt sich nun ein für die temporäre Descendenztheorie noch weit bedenklicherer Umstand, den ich zwar schon wiederholt betont habe und auf den auch Dreyer[1]) in energischer Weise hinwies, den jedoch nochmals scharf hervorzuheben leider nicht unnötig ist.

Ich erbitte also bei dem denkenden Leser für das folgende Entschuldigung und ersuche ihn, es als für ihn überflüssig zu überschlagen.

Würden Umwandlungsursachen und Umwandlungsweisen auf Grund des Experiments in allgemeinerem Umfange bekannt sein, würden wir ferner die Vererbungsthatsache etwas durchschauen und über das allgemeine Wesen organischer Formbildung (Entwicklungsmechanik) etwas wissen, so könnte sich wohl zuletzt eine »Stammesgeschichte« als ein Nebenresultat ergeben, und zwar könnten die genannten Disziplinen der Zukunft solchen stammesgeschichtlichen Hypothesen eine gewisse Wahrscheinlichkeit und auch einen gewissen Wert verleihen. Letztere würden sich zu ersteren, d. h. die Formengeschichte würde sich zur Formenwissenschaft verhalten wie Geologie zur Physik und Chemie.

Aber ohne die postulierte Kenntnis jener allgemeinen Einsichten kann Descendenz nichts anderes liefern als Ahnengalerien. Es verrät einen geradezu bedenklichen Mangel an Einsicht, uns immer am Beispiel der Geologie, der Himmelsgeschichte und der sogenannten Weltgeschichte vorzuhalten, dass wir historische Forschung nicht zu würdigen wüssten.

Der Phylogenetiker, der das ausspricht, schreibt damit geradezu das Todesurteil seiner Wissenschaft.

In der Geologie kennen wir ja gerade in den chemischen und physikalischen Gesetzen das, was wir brauchen und was wir in der Biologie eben nicht kennen: die in der

---

[1]) Dreyer, Ziele und Wege biologischer Forschung. Jena 1892.

Weltgeschichte gleichsam das elementar mechanische vertretenden psychischen Gesetze kennt jeder subjektiv; und nun gar die Kant-Laplacesche Theorie! Wüssten wir **nichts** von der Wirkungsweise der Centrifugalkraft, **nichts** vom flüssigen und gasigen Aggregatzustand, **nichts** von der Beziehung der Wärme zu diesen, **nichts** von der Schwerkraft — dann allerdings wäre die Kantsche Hypothese den Stammbaumphantasien gleichwertig. Aber was wäre sie dann? Das möge der Leser entscheiden, wobei wir nicht unterlassen wollen nochmals darauf hinzuweisen, dass trotz des auf Kenntnis des allgemeinen physikalischen Geschehens gegründeten Wertes der Kantschen Hypothese ihre allgemein wissenschaftliche Bedeutung immer nur eine relative ist und Bestrebungen im Gebiet reiner Physik und Mechanik weit nachsteht; denn in diesen Disziplinen handelt es sich um allgemeine Gesetzlichkeiten des Geschehens, in jener Theorie um einen Spezialfall.

Aber, um auf die Wertschätzungen innerhalb des historischen Gebietes zurückzukommen: wir fragen an jedem Punkt der Planeten-, Erd- und Menschengeschichte »warum« und »wie« und erhalten eine wenigstens allgemeine Auskunft. In der »Phylogenie« würden wir vergebens »warum« fragen. Besehen wir uns die Bilder der Vorfahren eines Fürsten, so ist ebenfalls die Frage »warum« illusorisch; wir müssen die zeitliche Reihenfolge hinnehmen. Das macht derartige Sammlungen so langweilig; das macht auch, nochmals sei es betont, dass unsere heutige »Phylogenie« nichts liefern kann als **Ahnengalerien**.

Abgesehen vom prinzipiell geringeren Werte der Geschichte gegenüber der rationellen Wissenschaft steht also die Biogenie auch historisch genommen auf einem **sehr tiefen** Niveau;

zwischen Wahrscheinlichkeiten rein äusserlichen Charakters (Paläontologie, Geographie) und wüster Phantasie (Typen) schwanken ihre »Stammbäume«. Wie kann es anders sein, da sie mit dem anfing, womit sie eventuell aufhören sollte. — Am Schlusse mag endlich noch bemerkt werden, dass der allgemeine Descendenzgedanke, soweit »Vererbung« bei ihm in Betracht kommt, zwar eine gewisse, wennschon sehr unbestimmte Vereinfachung schafft, dass diese aber darum sehr illusorisch ausfällt, da doch gerade die Verschiedenheiten der Formen das Problem bilden.

Auf alle Fälle besitzt der Satz »der Mensch hat einen rudimentären) Blinddarm, ‚weil' seine Vorfahren einen (funktionierenden) Blinddarm besassen«, denselben »Erklärungswert«, wie der Ausspruch: »ich habe 2 Arme, 2 Beine u. s. w., kurz ich bin ein Mensch, ‚weil' meine Eltern Menschen waren«. —

Doch zurück zu erfreulicheren Dingen[1]).

§ 6.

Im Anschluss an unseren Beweis der ursächlichen und logischen Unbegreiflichkeit der spezifischen Formen ist zunächst zwei möglichen Irrtümern zu begegnen.

---

1 Etwa gar auch noch auf die Prätensionen der widerlegten sogenannten Darwinschen Theorie einzugehen, wäre eine Beleidigung des Lesers. Es genügt hier die Titel dreier Schriften zu nennen:
  Wigand, Der Darwinismus und die Naturforschung Newtons und Cuviers.
  Nägeli, Mechanisch-physiologische Abstammungslehre.
  Wolff, Beiträge zur Kritik der Darwinschen Lehre. Biol. Centr. X.
Wann wird man einmal anfangen, diese und andere Werke zu berücksichtigen, und aufhören, in der Darwinschen »Theorie« ein gesichertes Gut der Wissenschaft zu erblicken?

Man spricht wohl davon, dass man eine tierische Form »verstehe«, wenn man nur ihre Entwicklungsgeschichte kennt. Dass letztere eine gewisse Kenntnis zu Tage fördert, ist ja klar zu Tage: sie lehrt aber nur die Thatsache vollständig kennen, um die es sich handelt, über die Thatsache, sofern sie als Ganzes Problem ist, sagt sie gar nichts.

Wie hier, so wird auch im Falle eingehend analytischer Beschreibung das Wort »verstehen« lieber vermieden. Herbst[1]) hat eine äusserst detaillierte Wachstumsanalyse seiner Lithiumlarven angestellt, er lehrte damit ihre eingehende Kenntnis, nicht ihr Verständnis.

Eine derartige Analyse geht immer darauf aus, die **nächsten Ursachen** der sichtbar vorliegenden Vorgänge zu ermitteln und diese soweit zurückzuverfolgen, wie es angeht: die Lithiumlarve bildet sich, **weil** die Wachstumszone erweitert wird; diese wird erweitert, **weil** die und die Zellen etwa turgescenter werden u. s. w. So kommt man stets weiter zurück, **aber nie zu einer Einschränkung der Zahl der von einander unabhängigen Wachstumserscheinungen**, welche doch eben das Wesen der spezifischen Form ausmachen.

Die nächsten Ursachen eines Prozesses können nun wieder vital oder sie können rein physikalisch sein; in letzterem Falle liegen Objekte der von mir sogenannten Eliminationsforschung[2]) vor. Wenn z. B. Dreyer[3]) in seiner trefflichen Gerüstbildungstheorie sagt: dieses Radiolar hat ein

---

1) Loc. cit. Nr. 2. Mitt. a. d. Zool. Station Neapel. Bd. 11.
2) Vgl. meine Kritik von Dreyers Arbeit: Kritische Erörterungen neuerer Beiträge zur theoretischen Morphologie. Biol. Centr. XII; ferner meine Entw.-mech. Studien VI. 3, sowie namentlich meine »math.-mech. Betrachtung etc.«
3) Ziele und Wege biologischer Forschung. Jena 1892.

solches Skelet, weil die Waben seines Protoplasmas solche sind, so giebt er (von Nebensachen abgesehen) eine nächste Ursache für das Skelet an, ohne doch das Spezifische seines Radiolars irgendwie begreiflich zu machen, was eben nicht möglich ist. — Waren diese Erörterungen mehr nebensächlicher Natur, so gelangen wir mit dem folgenden wieder zu Dingen von grösserer Bedeutung.

Wir haben zu wiederholten Malen betont, in der Physik spiele die Deduktion, die logische Subsumption eine grosse Rolle, und ein Beispiel zeigt uns, dass ¦das in der That der Fall ist: die Gleichungen, welche für die Bewegung der Flüssigkeiten gelten, sind in ihrer Allgemeinheit der Ausdruck eines letzten nicht weiter zerlegbaren Naturgesetzes; spezialisiere ich die Bewegungsbedingungen in diesen Gleichungen derart, dass ich sage, die Bewegung parallel zweier Achsen soll $= 0$, d. h. mathematisch x und y in den Gleichungen sollen $= 0$, und es soll die einzige auf die Flüssigkeit wirkende bewegende Kraft die Schwere sein, so erhalte ich nach einiger Umformung einen Satz, den man das Toricellische Ausflusstheorem nennt und der besagt, dass ein Flüssigkeitsteilchen mit der Geschwindigkeit ausfliesst, die es erhalten hätte, wäre es durch den mit Flüssigkeit gefüllten Raum gefallen ($v = \sqrt{2gh}$). Das Toricellische Theorem ist also unter die allgemeinen Gleichungen subsumiert, als in ihnen enthalten erkannt.

Auf diese Weise kann ich jede spezielle Kraftbethätigung als Spezialfall eines allgemeinen Naturgesetzes darthun. Eine solche Unterordnung kommt stets auf eine Spezifikation der unabhängigen Variablen und darauf folgende mathematische Operationen hinaus.

Da jede physikalische Gleichung eine Veränderungsrelation zweier Grössen (ein »mechanistisches« Gesetz) ausdrückt, so ist natürlich auch eine solche das Resultat der Umformung.

Eine andere Art der Subsumption findet in folgendem Beispiel statt. Die allgemeine Kegelschnittsgleichung ist die allgemeine Gleichung zweiten Grades ($ax^2 + bxy + cy^2 + dx + ey + f = 0$). Aus ihr folgen durch Verbindung mit anderen Sätzen die Eigenschaften der Kegelschnitte, und zwar handelt es sich bei denselben auch stets um Spezifikation der Variablen als solcher.

Will ich dagegen aus der allgemeinen Kegelschnittsgleichung über die Parabel Sätze ableiten, so habe ich nichts mit den Variablen zu thun, vielmehr muss ich $a = b = e = f = 0$ setzen, $c = 1$ und $d = -2p$, um die Gleichung $y^2 = 2px$ zu erhalten. Ich habe also in diesem Falle K o n - s t a n t e spezialisiert.

Erhielt ich nun durch Operation mit den Variablen aus einer Relation andere ihr untergeordnete Relationen, so erhalte ich durch Operation (Spezifikation) mit den Konstanten R e l a t i o n s a r t e n, d. h. sie führt zur S y s t e m a t i k, zur K l a s s i f i k a t i o n.

Die Ellipse, die Parabel, der Kreis, die Hyperbel, die gerade Linie, der Punkt sind »Arten« der Kegelschnitte.

Es wird jetzt klar geworden sein, wozu wir diese Betrachtung anstellten: der Begriff der Klassifikation spielt in der Biologie bekanntlich eine grosse Rolle. Zu diesem jetzt noch als blosse Analogie erscheinenden Umstand kommt aber noch ein zweiter.

Wir sagten, der Erkenntnisgrund spiele in der Morphologie keine Rolle; basiert aber nicht gerade jede Klassifikation auf ihm? Hat doch Schopenhauer geradezu ihm die »beschreibende« Naturforschung als eigentliches Feld angewiesen. So wäre also unsere Behauptung falsch? Eine etwas tiefer dringende Überlegung zeigt uns, dass sie es nicht ist, dass sie aber eines Zusatzes bedarf: Die blosse Klassifikation, z. B. der Satz, dass der Löwe ein Säugetier sei, ist zwar eine Unterordnung von Begriffen, aber es fehlt ihr der Charakter der **notwendigen Einsicht**. Das Verfahren der Physik und Geometrie besteht auch in einer Subsumption von Begriffen[1]), aber der Charakter des Notwendigen haftet ihm an.

Was verleiht nun einer Subsumption die Eigenschaft, wirkliche Einsicht zu gewähren, und wie verhält sich Systematik zu Einsicht gewährender Subsumption?

Wir sind durch die Eingangsbetrachtungen dieses Abschnittes zur Beantwortung dieser Fragen vorbereitet.

In der physikalischen Deduktion sahen wir das Verfahren, welches von der allgemeinen Relation zur speziellen führte, **Schritt für Schritt als möglich ein**, es war eben ein mathematisches.

Bei der Artableitung der Kegelschnitte sehen wir ebenfalls als möglich ein, dass dieses spezielle Verfügen über die Konstanten statthaben kann.

Die Unterschiede der Art vom Genus sind hier quantitative und werden mathematisch vermittelt.

In diesem Satz liegt die Beantwortung unserer Frage: **Eine Systematik wie jede Subsumption gewährt nur dann wirkliche Einsicht, wenn der Weg, auf**

---

1) Oder von Urtheilen, was auf dasselbe hinauskommt. Siehe z. B. Schopenhauer, Die Welt als Wille und Vorstellung. I. 1. Buch.

dem die Arten aus dem Genus hervorgehen, rationell durchsichtig ist.

Dass nicht nur in gewisser Hinsicht quantitative Unterschiede der Arten vom Genus ein System zum Einsicht liefernden machen, zeigt die Chemie. Für die primären Alkohole z. B. stellt man hier die Formel $C_nH_{2n+1}OH$ auf; die einzelnen Alkohole entstehen durch Spezifikation des n. Man pflegt nun die Formel als eigentlichen Inbegriff des Stoffes, seine Eigenschaften als ihre Funktionen anzusehen; andererseits gelten die Eigenschaftsintensitäten (z. B. Höhe des Siedepunkts etc.) als Funktionen des n, indem sie mit ihm gerade oder umgekehrt proportional wachsen und fallen.

Aber diese ganze Kenntnis wie auch die an das sogenannte periodische System der Elemente geknüpfte, welche die Eigenschaftsintensitäten derselben (z. B. die Stärke ihrer Säuren) als Funktionen des Atomgewichts auffasst, gewährt keine wirkliche befriedigende Einsicht. Und zwar ist das nicht darum Fall, weil sich die Grundthatsache, also etwa, dass mit der Formel $C_nH_{2n+1}OH$ dieser bestimmte chemische und physikalische Eigenschaftskomplex (der Qualität, nicht der Intensität nach) verbunden sei, nicht »einsehen« liesse, nein, auch die Grundthatsache der Hydrodynamik ist etwas letztes; sondern deshalb hat das System einen nur gleichsam tastenden Charakter, weil sich durchaus nicht klar machen lässt, wie denn die Intensitätsunterschiede der Eigenschaften der einzelnen Stoffe mit den Verschiedenheiten des n zusammenhängen.

In der Formel $C_nH_{2n+1}OH$ sind also 2 Dinge enthalten: einmal jene Grundthatsache, dass die Körpergruppe »Alkohole« diesen bestimmten Eigenschaftskomplex aufweise und zweitens die Intensitätsregel, welche sich auf die Verschiedenheiten der Stoffe bezieht. Der Umstand, dass diese eben eine »Regel« d. h. ein besonderes empirisches Datum ist, bedingt den rationellen Minderwert der chemischen Systematik gegenüber der physikalischen Gesetzdeduktion, denn bei letzterer folgt die auf das Spezielle bezügliche Grössenangabe mathematisch aus dem Gesetz selbst, sie ist kein neues empirisches Datum.

Es dürfte sich hier passend die Frage anreihen, ob denn überhaupt ein »rationelles« System natürlicher Dinge möglich sei, wir haben oben ein solches nur im Hinblick auf mathematische Körper gekennzeichnet.

Da wir eine rationelle Systematik als mit Notwendigkeit an mathematische Behandlung geknüpft sahen, ist zunächst klar, dass sie nur dort denkbar ist, wo der oberste Thatsachenausdruck eines Gebietes ein mathematischer Satz ist. Ein solcher aber ist Ausdruck einer Beziehung von Veränderungen.

Die »rationelle Systematik« würde darin zu bestehen haben, dass sie über die Beziehungsarten etwas aussagt, nämlich dass es deren eine unbegrenzte ungesetzliche, oder eine unbegrenzte gesetzliche oder aber eine beschränkte Anzahl gäbe.

Wenn die Chemie über das Wesen der chemischen Energie etwas mehr wüsste, als es der Fall ist, so würde sie vielleicht dazu gelangen können, die Elemente als durch Attraktionskräfte bedingte Verdichtungszustände eines einzigen »Stoffes« darzustellen, und indem jedes solche Element auf Grund von Zahl und Lage der Uratome spezifische Wirkungsmerkmale erzielte, wäre damit auch der Grund für eine Einsicht in das Wesen der Affinitäten der Elemente unter sich gelegt.

Selbstredend könnte die Konstante, welche in der Attraktionsgleichung der Uratome die Anzahl dieser bezeichnet, nur eine ganze Zahl sein, wir haben hier somit das Beispiel einer gesetzlichen aber unbeschränkten Konstantenbestimmung oder Systematik vor uns, wofern sich nicht zeigen liesse, dass nur eine beschränkte Zahl von Verdichtungszuständen möglich sei. — Eine derartig beschränkte Systematik lässt sich bekanntlich aus der Elastizitätstheorie bezüglich der Krystalle ableiten; die Konstantenmöglichkeiten fallen hier mit den thatsächlich vorkommenden Symmetrieverhältnissen zusammen.

Doch sind wir mit allem diesen schon gar weit von unserem biologischen Thema abgekommen, und dies mag es auch rechtfertigen, wenn ich alles Vorstehende nur als Andeutung, nicht als Erschöpfung anzusehen bitte. Als Andeutung durfte es im Rahmen einer biologischen Wissenschaftstheorie nicht fehlen.

Wie weit das Vorstehende einst für biologische Dinge aktuelles Interesse erhalten mag, bleibt gänzlich dahingestellt. Es mag nur darauf hingewiesen werden, wie so ganz anders denn doch der Charakter der zusammengesetzten organischen Form gegenüber den Stoffen der Chemie ist und wie verschieden infolge dessen auch bei beiden der Charakter der zunächst noch unrationellen Systematik.

Zum Schluss nun mag aber kurz wieder am Beispiel der Chemie gezeigt werden, dass auch vorläufig unrationelle Systematik ihre grossen Vorteile besitzt.

So gestattet, um wieder die Alkohole als Beispiel zu nehmen, die mit der Formel $C_nH_{2n+1}OH$ verbundene allgemeine Einsicht die Eigenschaften eines neuen Alkohols aus seiner Zusammensetzung der Intensität nach vorherzusagen, und so hat das »periodische System« der Elemente das Skandium und 2 andere Elemente mit ihren sämtlichen Eigenschaften vorhersagen lassen; freilich waren beide Schlüsse nur Wahrscheinlichkeiten, sie konnten nicht die Sicherheit mathematisch-physikalischer Deduktionen besitzen.

Wir sehen hierdurch, dass auf Grund der chemischen Systematik in der That durch die Kenntniss gewisser Stoffe (d. h. Eigenschaftskombinationen) zugleich diejenige anderer wenigstens andeutungsweise gefördert wird, womit ich aber nicht den oben betonten und zurecht bestehenden Satz zu verwechseln bitte, dass aus den Eigenschaften zweier Elemente nicht auf die Eigenschaften ihrer Verbindungen irgendwie geschlossen werden könne, oder dass überhaupt die Kenntnis eines Stoffes über einen anderen irgend etwas in strenger Weise auszusagen gestatte, denn die Alkoholformel ist kein Gesetz, aus dem andere Gesetze mit derselben relativen Sicherheit folgen, die es selbst besitzt, sondern, wie erörtert, die Art wie aus ihm abgeleitet wird, ist selbst eine neue empirische Abstraktion, dass nämlich die Eigenschaftsintensitäten mit den Werten des n zusammenhängen. Doch kann hier auf den Begriff der chemischen »Eigenschaft« und etwa deren Trennung in additive und konstitutive und kolligative Eigenschaften[1]) unmöglich eingegangen werden.

Die biologische Systematik steht der chemischen, obschon der Mangel des Rationellen beiden zukommt, deshalb wesentlich nach, weil ihr ein den chemischen Formeln entsprechender Inbegriff des gerade vorliegenden Körpers fehlt. Das, was die chemischen Stoffe und Stoffgruppen in erster Linie (als Definition) kennzeichnet, ist immer dieselbe Eigenschafts-

---

[1] Man ersehe weiteres in Ostwalds Lehrbuch der allgemeinen Chemie, I. Leipzig 1891.

kategorie und zwar die, welche mit Fug und Recht als wesentliche angesehen werden kann, ihre Zusammensetzung. Was aber ist das Wesentliche an einer Tier- und Pflanzenspezies? Das eben wissen wir nicht, und so kommt es, dass von einem neu entdeckten Tier, welches Haare besitzt und seine Jungen säugt, wohl mit hohem Grade der Wahrscheinlichkeit gesagt werden kann, es werde sein zentrales Gefässsystem linksseitig entwickelt haben und noch anderes mehr, **dass aber nie die Existenz gerade dieses Tieres mit diesen bestimmten Eigenschaften** — ich sage nicht als notwendig eingesehen, was unmöglich ist — **sondern nie auch nur als notwendig in eine Reihe gehörig, hier einen bestimmten Platz ausfüllend erkannt werden kann.**

§ 7.

Wie wir oben (§ 3) durch Vergleich der Morphologie mit den Problemen der Physik und Chemie feststellten, was sie **nicht** ist, und was sie **nicht** kann, wollen wir nunmehr dazu übergehen, Positives über ihr Wesen und ihre Methodik auszusagen.

Wie es im Bereich der Chemie eine spezielle Disziplin giebt, welche die Eigenschaften der einzelnen Stoffe und ihre Beziehungen zu einander erforscht, und eine allgemeine Disziplin, welche die in allem Chemischen sich äussernde chemische Energie zum Objekt hat, so auch in der Biologie.

Um an letzt Erörtertes anzuknüpfen, behandelten wir zunächst die **spezielle Morphologie**. Es ist Aufgabe dieser Wissenschaft, die Formen der Naturkörper zunächst rein beschreibend vollständig kennen zu lernen, dann aber auch ihre etwa bestehenden Beziehungen zu einander zu ermitteln.

Zu letzterem Behufe bedient sie sich des Experiments, ganz wie die Chemie. Es genügt, die Versuche von Herbst und Loeb auf zoologischem, solche von Sachs, Schenk, Stahl auf botanischem Gebiet zu nennen, um diese Art des Experiments zu kennzeichnen. Ist die Anschauung berechtigt, dass die differenten organischen Körper genetisch zusammenhängen, so ist, wie oben ausführlich erörtert, mit dieser Thatsache, sei sie auch im allgemeinen und besonderen noch so sicher, gar nichts gewonnen, wofern nicht für jede einzelne Umwandlung des Formprozesses eine besondere Ursache und deren spezifischer Effekt angegeben wird. Es folgt das ohne weiteres aus dem Wesen der Organismen als spezifischer Formen. Wenn ich also auch mit Sicherheit weiss, dass die Krebse Anneliden zu Vorfahren haben, so nützt mir diese Kenntnis gar nichts, wofern nicht eine Ursache dafür angegeben wird, dass der Bildungsgang des Anneliden von Anfang bis zu Ende, immer unter Wahrung eines gewissen Gleichartigen, des Typus, modifiziert ward. Die hypothetische Behauptung der Thatsache mag immerhin dem hier allein entscheidenden Versuch den Weg weisen können[1]).

1) Es wird hier eingewendet werden, dass der Versuch (Herbst-Schenk) doch nur neue Formen (Standortsvarietäten), nicht neue Arten zu Tage fördere. Man bedenke, dass eine »neue Art« doch jedenfalls eine »neue Form« zur Voraussetzung habe, indem sie nämlich eine stabile, d. h. nicht erblich modifizierbare Form ist.

Sollten — was nicht bewiesen ist — die genannten Versuche eine Bedeutung für Descendenz besitzen, so käme letztere also auf dem Wege einer »Vererbung erworbener Eigenschaften« zu stande. Zwar wären diese — und das ist ein wichtiger, nicht genug beachteter Umstand — nicht physikalisch erworben, wie Verletzungen, sondern wären Folgen einer morphologischen Reizwirkung (§ 4). Das Gesagte weiter auszuführen, ist hier nicht der Ort. Man vergleiche auch H. Spencer, The Inadaequancy of Natural Selection.

Da aber von den erwähnten Umwandlungsursachen behauptet werden muss, dass sie etwas morphologisch Neues in Erscheinung treten lassen, dass sie als **morphologischer Reiz** wirken, so ist es vielleicht nicht überflüssig nochmals zu betonen, dass Kenntnis der umzuwandelnden Form und Kenntnis des umwandelnden (formauslösenden) Faktors für voraussagende Kenntnis des Resultats **gar nicht nützt**, vielmehr bei jedem Umwandlungsvorgang alle drei Bestandteile, Ausgangspunkt, Endpunkt und vermittelnder Faktor, einzeln für sich empirisch zu ermitteln sind.

Vereinige ich Wasserstoff und Sauerstoff durch Wärme zu Wasser, so sind auch aus den Eigenschaften des O und H und der Wärme diejenigen des H_2O **nicht** vorauszusagen.

Diese Thatsachen bedingen es, dass Morphologie wie Chemie so vorwiegend empirische Disziplinen sind.

Bedarf nun auch jede Form zu ihrer Realisation einer besonderen Ursache, so werden sich doch diese ursächlichen Beziehungen wohl zu Gruppen ordnen lassen und zur Erkenntnis allgemeinerer Wirkungsarten führen.

Auch lassen sich bekanntlich die Formen in Reihen, in ein »System« bringen, und es dürfte, wie oben (§ 6) erörtert, als letztes in weiter Ferne liegendes Ziel der speziellen Morphologie in dieser Hinsicht anzusehen sein, dieses der naturgesetzlichen Existenz nach zeitlose, wennschon vielleicht — nämlich, wenn der Deszendenzgedanke richtig — »historisch« realisierte (§ 4 u. 5) System irgendwie aus einem allgemeineren Gesichtspunkt als gesetzmässig oder notwendig beschränkt zu erkennen, womit, wohl gemerkt, über die Ursache seiner Existenz oder, was dasselbe heisst, über die Ursache der Existenz seiner Konstituenten gar nichts erkannt wäre; diese ist elementar, schlechthin hinzunehmen¹). Für den Naturforscher ist somit das Feld der Systematik ein ziemlich verschlossenes.

§ 8.

Wir stiessen bei Erörterung der Physiologie auf den Begriff des Morphologischen; wir erkannten, dass die physiologischen Vorgänge vielleicht nichts anderes wären als auf Grund der Struktur des Substrats eigenartig kombinierte physikalische²) — um den Chemismus bei Seite zu lassen. Es ist somit, entgegen einer weitverbreiteten Ansicht, welche mit Unrecht die Physiologie als vornehmere der biologischen Disziplinen erscheinen lassen möchte, diese Wissenschaft als **Appendix der Morphologie** erkannt. Ihre eigenartige Methode ist darin begründet, dass die morphologische Basis der physiologischen Vorgänge meist unbekannt

---

1) Für den »modernen« Biologen, der die Formen in dem Sinne als Zufallsprodukte ansieht, wie es die Wolken sind, die heute am Himmel stehen, oder wie einen Haufen zusammengeworfener Steine, oder meinetwegen auch wie alle auf der Erde vorkommenden Inseln, existiert das hier skizzierte Problem nicht. Warum doch treiben diese »Modernen« vergleichende Formkunde? Sie wissen ja, dass kein besonderes Gesetz die Reihen der Formen beherrscht. Was hat denn die Mannigfaltigkeit für ein Interesse? Was für einen Wert hätte eine »Systematik der Inseln«? Hört man doch oft in missverstandenen Ausdrücken der Erkenntnistheorie die »Ansicht« äussern, wir »brächten erst das System in die Natur hinein«, ein Satz, der übrigens im strengen, hier nicht beabsichtigten Sinne nur heissen kann, Systematik sei in Inhalt und Form a priori. — Dass sie spezielle Formenkunde (Systematik) treiben, zeigt, dass sie die Unzulänglichkeit ihrer Dogmen instinktiv fühlen. Ich hoffe das wenigstens, denn sonst wäre ihre »Arbeit« — Spielerei.

2) Verwandte Anschauungen äussert Hauptmann, »Die Metaphysik in der modernen Physiologie«; jedoch hat er eine erschöpfende Analyse des Strukturbegriffs unterlassen.

ist und das Streben des Forschers eben darauf ausgeht, deren Charakter indirekt, durch Schlüsse zu ermitteln, um dann die Funktion (also etwa die Nervenleitung) verständlich zu machen, d. h. **bei gegebener Struktur und gegebenen physikalischen Agentien als notwendig darzuthun.**

Die Physiologie hat schon viel gewonnen, wenn sie das Mannigfaltige der Reizerscheinungen nur erst auf gewisse Grundphänomene, auf allgemeine Abhängigkeitsbeziehungen zurückführt, obschon weder die in Frage kommenden Energiearten, noch deren morphologisches Substrat bekannt sind. In diesem Sinne sind z. B. Loebs Untersuchungen über Heliotropismus[1]) höchst schätzbar, und ich greife gerade diese zur Illustration heraus, da an ihrer »Kritik«, soweit sie das Prinzipielle betrifft, sich das gänzliche Missverstehen biologischer Aufgaben so deutlich blosszustellen pflegt. »Warum« dieses Tier positiv, jenes negativ heliotropisch ist, diese Frage, deren Nichterledigung man Loeb stets vorwirft, ist **überhaupt der Wissenschaft unzugänglich,** denn es ist **in letzter Instanz** die: warum dieses Tier so, jenes anders struiert sei, und deren Unzugänglichkeit haben wir genugsam erörtert. »Warum« ist denn Zinnober rot und »warum« hat Wasser seine grösste Dichte bei $+4^0$ C.? — Es kommt dazu, dass sich bei Loebs Beurteilung auch eine arge Verwechslung des an sich ganz berechtigten teleologischen Beurteilungsstandpunktes mit kausaler Aufhellung geltend macht, wovon später.

Unsere alte Schuld an die Physiologie (§ 2) wäre somit abgetragen: sie ist **nicht** Mechanismus, wenigstens nicht als Erstes: sie ist Mechanismus **auf Basis von Struktur.**

[1] Der Heliotropismus der Tiere. Würzburg 1889.

Dieser Entscheid erscheint prinzipiell unanfechtbar: es ist, wenn wir stoffliche Differenzen in den Strukturbegriff einschliessen, für jede denkbare geforderte spezifische Leistung bei gegebenen physikalischen Kräften eine »Struktur«, eine Maschine zu ersinnen. Trotz alledem versetzt uns dieser Entscheid zum mindesten in ein subjektives, zweifelndes, und zwar an sehr prinzipiellen Dingen zweifelndes Missbehagen, und das bedingt es, dass wir auch jetzt der Physiologie nur vorläufig Lebewohl sagen.

Ich habe, wie des öfteren betont, den Begriff Physiologie in dem meist üblichen beschränkten Sinne als »Funktionslehre« gefasst: dann führt er auf Morphologie. Man hat jedoch das Wort Physiologie auch wohl angewandt auf die Lehre von den allgemeinen Gesetzen der Formgestaltung. In diesem Sinne würde unser Wissenszweig sich decken mit demjenigen Gebiet der Biologie, zu dessen Erörterung wir nunmehr schreiten, mit der Allgemeinen Morphodynamik oder Entwicklungsmechanik[1].

§ 9.

Nach der Definition des eigentlichen, systematischen Begründers dieser Disziplin ist sie »die Wissenschaft von der Beschaffenheit und den Wirkungen derjenigen Kombinationen von Energie, welche Entwicklung hervorbringen«[2]). Entwicklung heisst spezifische Formgestaltung.

Diese Disziplin erforscht das in allen Formbildungsvorgängen Gemeinsame; sie könnte daher ihr Resultat streng genommen an einem Objekt gewinnen, ebenso wie die all-

---
1) Physiologie in unserem Sinne untersucht also — um im Gleichnis zu reden —, was die Maschine leistet und worauf ihre Leistung beruht, Entwicklungsmechanik untersucht, wie die Maschine gebaut wird.
2) Roux, Beiträge zur Entwicklungsmechanik des Embryo. I. Zeitschr. f. Biologie. XXI.

gemeine Chemie das Gesetz der konstanten und multiplen Proportionen an einem chemischen Körper hätte ermitteln, oder allerdings mehr erraten können. Auf alle Fälle abstrahiert sie von den Verschiedenheiten, wennschon sie von den Ergebnissen der speziellen Morphologie profitiert, wie auch die allgemeine chemische Physiologie sich zur Ermittlung des Gemeinsamen die vergleichende Physiologie dienstbar macht.

Da die Entwicklungsmechanik von den Verschiedenheiten und dem Spezifischen abstrahiert, so könnte sie vielleicht unter den Begriff des Mechanismus fallen. Erläutern und prüfen wir diesen Begriff etwas näher.

Eine freilich der Natur der Sache nach sehr allgemein gehaltene Theorie, die in der That den Namen Entwicklungs- »mechanik« für die Disziplin, die sie kennzeichnet, rechtfertigen würde, ist Weismanns Keimplasmalehre. Es ist bei dieser Gelegenheit lehrreich, daran zu erinnern, dass das nach unserer Betrachtung der kausalen Erkenntnis Unzugängliche, die spezifische Art der Formgestaltung, in Weismanns Keimplasmastruktur in der That vorausgesetzt wird und seine Theorie sich nur damit befasst, zu erläutern, wie, d. h. durch welche Arten der Energie diese in die Erscheinung treten könnte. Hierbei mag gleichzeitig vor dem Irrtum gewarnt sein, in Theorien, welche mit Micellen u. s. w. operieren, und seien sie auch noch so vollkommen, mehr zu sehen als in solchen, welche nur eine exakte Darlegung beobachteter Wirkungsweisen ohne fiktive Hilfsvorstellungen geben, worüber man früher Gesagtes [1]) nachlesen mag.

---

1) Zeitschr. f. wiss. Zool. 55; siehe auch P. du Bois-Reymond, »Über die Grundlagen der Erkenntnis in den exakten Wissenschaften.« Tübingen.

Verfehlt wäre der Name Entwicklungs»mechanik« für die allgemeine Morphologie, wenn es sich herausstellen sollte, dass ein dem Nisus formativus ähnlicher, unfassbarer Regulator gleichsam über der Formbildung schwebe. Wir wissen über diese Dinge nichts: es ist uns jedoch nach allgemein anerkanntem Grundsatz vorgeschrieben, die Lehre von der allgemeinen formbildenden Wirkungsweise den Lehren der allgemeinen Wirkungsweisen in der anorganischen Natur, d. h. der Physik, für prinzipiell koordiniert zu halten, bis das Gegenteil hiervon bewiesen ist. Dieses »Gegenteil« freilich würfe unsre ganze Weltanschauung über den Haufen. Allerdings wird die genannte Koordination immer nur eine sehr allgemeine und etwas vage sein, wie denn der Name Entwicklungsmechanik und die geistvollen an ihn geknüpften Erörterungen und Vergleiche Roux' mehr als Analogiebilder, denn als wirklicher Ausdruck des Sachbestandes gelten müssen.

Denn die »Entwicklungsenergie« ist denn doch etwas ganz anderes als Bewegungsenergie, Wärme, Licht und Elektrizität, auch als chemische Energie: durch sie entsteht Spezifikation an einem gleichartigen Ganzen[1].

Die Entwicklungsmechanik ist somit nicht Lehre vom Wachsen — das ist nur ein gleichsam einleitender Teil zu ihr —, sondern Lehre des gerichteten und geordneten Wachsens.

Das Wort »Mechanik« oder Mechanismus darf hier also nur ganz allgemein als Gegenstück zum »metaphysischen«

---

[1] Eingehendere, sich an Reales anlehnende Erörterungen über Wesen und Inhalt der Entwicklungsmechanik sind in Nr. X meiner »Entwicklungsmechanischen Studien« zu finden. Mitt. a. d. Zool. Station z. Neapel. Bd. 11.

verstanden werden und insofern könnte die Lehre von der »Entwicklungsenergie« oder meinetwegen »Lebenskraft« dann allerdings dem physikalischen Mechanismus vielleicht koordiniert sein. Die »Lebenskraftlehre« in dem soeben definierten Sinne steht zwischen Mechanismus und Tektonik gewissermassen in der Mitte: durch ersteren führt die Entwicklungsenergie zu letzterer. Wo also selbst der ganz allgemeine Ausdruck Entwicklungs»mechanik« cum grano salis und auch so noch gleichsam optimistisch zu verstehen ist, wird es klar sein, wie beschränkt jene Ansicht ist, welche im »Leben« ein Problem sieht, welches nicht nur mechanistisch, sondern sogar physikalisch-chemisch, d. h. in unsere Physik-Chemie prinzipiell auflösbar sei. Aber Phrasen sind immer eine bequemere Handhabe als Denken.

Übrigens hat jener Forscher, der von Neueren bei Diskussion biologischer Prinzipienfragen neben Bär und Wigand allein in Betracht kommt, jene Mittelstellung der Entwicklungsmechanik zwischen Mechanismus und Tektonik dadurch gleichsam implicite treffend ausgedrückt, dass er von »Kombinationen von Energie« redet[1]).

§ 10.

Es mag diese kurze Charakteristik der Aufgaben der Biologie hier genügen.

Mit alleiniger Ausnahme des entwicklungsmechanischen Problems sind ihre Aufgaben durchaus spezieller Natur. Sie teilt dies Schicksal mit der Chemie. Wie in der Chemie

---

1) Roux, s. o. Zeitschr. f. Biol. XXI.

die Kenntnis eines Stoffes (d. h. streng gesprochen die seiner sämtlichen — auch chemischen — Konstanten) zur Kenntnis der Eigenschaften eines anderen gar nichts nützt, sondern jeder Stoff für sich studiert werden muss und allenfalls am Schluss ein allgemeines Resultat systematischer Natur die aufgewandte Mühe krönt; und wie auch die ursächlichen Beziehungen der Stoffe zu einander, die Art ihres Umsatzes, durchaus einzeln empirisch zu ermitteln sind, so auch in der Biologie: jeder Körper will für sich studiert sein, und bestehen Übergangsbeziehungen der Körper ineinander, so wird für jeden Übergang eine spezielle Ursache erfordert, die empirisch zu ermitteln ist, und auch die Wirkung dieser Ursache, das durch sie bedingte Umwandlungsresultat, ist empirisch zu ermitteln, nicht vorherzusagen, wie uns die Betrachtung der Versuche Herbsts zeigte; erst in weiter Ferne erscheint hier die Möglichkeit allgemeiner Induktionen.

Ganz anders in der Physik: die Zahl der elementaren, hinzunehmenden Thatsachen ist hier gering, daher tritt der empirische Charakter der Forschung zurück gegen den logischen, deduktiven, wie oben des Näheren erörtert.

Die Physik ist Mechanismus, die Morphologie zum allergrössten Teil ist Tektonik; ja es ist interessant, dass auch die Chemie sich ihr Elementares durch Tektonik, nämlich durch Strukturformeln zu veranschaulichen sucht. Bewegung, d. h. Veränderung in Zeit und Raum, und Struktur, d. h. Lage im Raum, sind eben die Bedingungen, unter denen wir das Mannigfaltige begreifen.

Der Gegensatz zwischen Physik und Morphologie hat noch eine weitere wichtige Folge.

Während die physikalischen Theorien jeden sie Studierenden zu befriedigen pflegen und nur selten einmal eine

Betrachtung auftaucht, die wir vorläufig »metaphysisch« nennen wollen, ist das namentlich bei den Ergebnissen der speziellen Morphologie nicht der Fall. Es wird so oft Vertretern der Entwicklungsmechanik, sowie überhaupt exakter Bestrebungen der Vorwurf gemacht, dass sie für den gerade vorliegenden Prozess keinen Grund anzugeben vermöchten. Das Verlangen ist nun zwar unberechtigt, es liegt aber doch offenbar eine gewisse Unzufriedenheit hier vor. Wir erkannten ihren Grund: Die Physik ist vorwiegend die Wissenschaft des Erkenntnisgrundes, die Chemie und Biologie ganz vorwiegend die Wissenschaft der Kausalität, der empirisch ermittelten Ursache und Wirkung.

Man möchte aber doch zu gern auch hier seine Vernunft, sein abstraktes Denken walten lassen. Unser oben angezogenes Gleichnis einer Maschine zeigt uns den Weg: Wir vermögen die Fabrikation ihrer einzelnen Teile mechanisch (d. h. hier physikalisch) zu begreifen, wie wir wohl auch einst das Wachsen mechanisch (d. h. hier: nicht metaphysisch) begreifen werden, wir vermögen ihre Wirkungsweise einzusehen, weil wir eben ihre Kombination kennen und die physikalischen Kräfte, die kombiniert sind, ebenso wie wir einst vielleicht das physiologische Wirken als Kombination physikalischer oder doch mechanischer Kräfte einsehen werden: warum aber die Maschine da ist, das sagt uns keine Ursache, sondern ein Zweck: weil man dies und jenes erzielen will, deshalb, aus diesem Motiv ist sie da. Der teleologische Gesichtspunkt der Beurteilung ist es, der Platz greift, wenn der kausale und der logisch begründende mit Notwendigkeit im Stiche lassen: sind doch alles Modifikationen des nämlichen aprioristischen Satzes vom Grund.

Haben wir nun oben die Naturgesetze, die Stoffe und die geformten Körper ihrer Unbegreiflichkeit nach parallelisiert, so scheint daraus zu folgen, dass sie auch ihrer teleologischen Beurteilbarkeit nach vergleichbar seien, und das ist auch der Fall.

Die allgemeinen Sätze der Mechanik, die Sätze der Optik sind uns zwar hinzunehmende Thatsachen, aber wirklich hat sich die teleologische Spekulation ihrer bemächtigt in den Sätzen, die unter dem Namen Satz des kleinsten Zwanges, der kleinsten Wirkung bekannt sind. Sehr populär gesprochen, sagen diese Betrachtungen: wenn wir Naturgesetze erfinden sollten, würden wir sie gerade so erfinden wie sie sind; das heisst doch zweckmässig.

Dass die teleologischen Betrachtungen in der Physik so wenig gepflegt werden, liegt daran, dass diese Wissenschaft der deduktiven Forschung so grosse und lohnende Aufgaben stellt.

Es scheint mir aber eine gewisse Einseitigkeit zu sein, ihre Bedeutung leugnen zu wollen; eine Einseitigkeit, die wohl durch die so grossen Leistungen der deduktiven Betrachtungsweise bedingt ist.

Ganz anders liegen die Dinge in der Morphologie: der Grund als Urteilsgrund, als Deduktion spielt hier fast gar keine Rolle, die Kausalität eine schwer zu ermittelnde. Gerade die hinzunehmende Elementarerscheinung, das hier so, dort anders verteilte Wachsen ist aber im Gegensatz zu den einfachsten Grundthatsachen physikalischer Forschung ein so zusammengesetztes Ding, dass es zu vernunftmässiger Reflexion geradezu drängt.

Wir sehen, wie jeder Formbildungsvorgang darin besteht, dass der Keim an räumlich durchaus getrennten Stellen unabhängig wächst; so wächst oft der Vorderdarm ohne Rücksicht auf Bildung des Mitteldarms, so die Linse des Wirbeltierauges unabhängig von der Augenblase, das »Ektoderm« unabhängig vom »Entoderm«, aber aus diesen getrennten unabhängigen Wachstumsvorgängen geht das einheitlich geformte, einheitlich wirkende Organ, ja schliesslich der ganze einheitliche Organismus hervor. Sind wir da, wenn wir, wie bewiesen, einen Grund, warum diese Wachstumsprozesse vor sich gehen, nicht anzugeben vermögen, nicht in gewissem Sinne zufrieden gestellt, wenn wir sagen: sie gehen vor sich, damit sich der Körper bilde.

Die soeben geschilderte Art der Zweckmässigkeit organischer Bildungen wollen wir die genetische Zweckmässigkeit oder mit Baer Zielstrebigkeit nennen.

Die Darwinisten haben bei aller ihrer sich grösstenteils in bunter Phantasie bewegenden Suche nach äusserer »Anpassung«, deren Entdeckung bekanntlich noch dazu als »kausale« Erklärung ausgegeben wird, seltsamerweise (oder war es nicht seltsam?) gerade diese Zielstrebigkeit der Formentstehung, diesen Kardinalpunkt des Zweckmässigen, ohne den es keine organischen Formen geben würde, übersehen.

Der Zielstrebigkeit ist die innere Funktionszweckmässigkeit nahe verwandt: die physiologischen Funktionen sind so beschaffen und so verteilt, dass sie im Dienst des Ganzen stehen. Wie sehr diese Art des Zweckmässigen in die Augen fällt, zeigt die Thatsache, dass der Physiologe es oft als seine wesentlichere Aufgabe betrachtet, den Zweck eines Organs als die nächsten Ursachen seiner Wirkungsweise darzuthun. Da wir erkannten, dass Physiologie nichts anderes sei als Energiewechsel auf Grund morphologisch spezifischer Basis, so könnten wir in weiterem Sinne hier auch von morphologischer Zweckmässigkeit reden. Nicht nur der morphogenetische Prozess, sondern auch sein Resultat ist sonach, wennschon in anderem Sinne, zweckmässig.

Hier ist nun der Ort, mit der Physiologie endgültig abzurechnen: Nach der von uns über das Wesen der Physiologie entwickelten Ansicht würde sich, wie eben gesagt, die sogenannte physiologische Reaktionszweckmässigkeit in Strukturzweckmässigkeit auflösen, da sich nach ihr ja spezifische Reaktion in spezifische Struktur auflöst: die vorausgesetzte specifische Struktur, auf welcher als Grundlage sich alles physiologische Geschehen — und zwar vielleicht als ein rein physikalisch-chemisches — abspielt, ist so geartet, dass dieses Geschehen eben »zweckmässig« ist; wir können sagen: im Bau sei alles für den Organismus zweckmässige vorgesehen. Wir müssen aber, um diese Ansicht zu halten, der »Struktur« eine Komplikation beilegen, die unsere Fassungskraft weit übersteigt. Wollen wir ganz konsequent unsere Anschauung auf alle physiologischen Lebenserscheinungen der Tiere ausdehnen, also auch auf diejenigen, welche der Unbefangene als Ausfluss eines »Willens« ansieht, wollen wir also auch diese auf Grund von Struktur und Chemie und Physik begreifen, so sind auch die sogenannten höheren Tiere und der Mensch nicht auszuschliessen. In einer philosophischen Debatte zwischen zwei Menschen ist beispielsweise für den Vertreter der skizzierten Ansicht nichts anderes zu erblicken als ein solches Geschehen auf einer Struktur als Grundlage. Wie muss nun die Struktur sein, wenn die Schallwellen, welche von dem einen Disputierenden her das Ohr des anderen treffen. ganz bestimmte Bewegungen der Sprechorgane auslösen (von anderem abgesehen), und zwar jedesmal andere? Welche »Struktur« muss in dem Chemiker vorhanden sein, welcher seine Experimente »zweckbewusst« ausführt? Doch wir brauchen gar nicht so hoch zu steigen; die Beobachtung jedes Hundes zeigt uns, wie unendlich kompliziert eine »Struktur« sein muss, der zugemutet wird, das hier Beobachtete zu ermöglichen.

Zumal wir nun die Struktur als etwas **Letztes, Hinzunehmendes** darstellen, möchte da wohl einer fragen, ob es denn nicht viel einfacher sei, von einer »Psyche« alles besorgen zu lassen. Wir können dem nur erwidern, dass uns das ein Verzicht auf zu früher Stufe sei.[1] Für den auf dem Boden des transcendentalen Idealismus Stehenden **muss** die Naturwissenschaft »materialistisch« sein, d. h. sich prinzipiell als Ganzes und in ihren Teilen als Struktur, Stoff und Energie auffassen lassen. Mag die supponierte Struktur auch noch so masslos compliziert sein, auf sie als auf das letzte zu kommen, **ist unserer Anschauungs- und Denkart notwendig.** Freilich bewegt sich alle Naturwissenschaft ja in der Welt als Vorstellung, da dürfen wir für die Mangelhaftigkeit unseres Vorstellungsvermögens nicht das unerkennbare Wirkliche verantwortlich machen. Bis aber gezeigt wird, dass unsere Vorstellungsart **nicht** derart sei, dass sie auf »Form« als letztes an allem Spezifischen führt, ist unsere Auffassung der Physiologie im Rahmen [des transscendentalen Idealismus **notwendig** und die »psychologische« Auffassung als **nicht genügend analysiert** zu bezeichnen:

Wie es uns eigentümlich ist, eine physikalische Disziplin erst dann für durchschaut zu halten, wenn wir sie auf eine

---

[1] Also auch Bunges »Aktivität«.

anschauliche Bewegungsform zurückführten, obzwar das nur ein Fiktion für einen beobachteten Grundvorgang ist (Kinetische Gastheorie — Boylesches Gesetz etc.), so ist es uns eigentümlich, uns alles spezifische (physiologische) Geschehen auf Grund einer gegebenen Form darzustellen. In beiden Fällen liegen — was hier nicht näher ausgeführt werden kann — erkenntnistheoretische Notwendigkeiten vor. Im Prinzip geht das Postulierte immer, d. h. es ist immer eine Struktur zu ersinnen, die, bei gegebener stofflicher Qualität und gegebenen Energiearten, diese und jene spezifische Äusserung zeigen würde. Wir nennen das »den Vorgang verstehen«, obwohl uns die Struktur etwas Letztes ist. — Der hier skizzierte Gedankengang ist zwingend, wofern nicht die Grundlagen unserer gesamten naturwissenschaftlichen Anschauung falsch sind. Wenn man bedenkt, dass letztere fast ausschliesslich durch Studium der einfachsten Bewegungserscheinungen im anorganischen Geschehen gewonnen (Galilei, Newton) und dann als allumfassend nicht nur, sondern auch als Wichtigstes von allem dargestellt wurden, so wird man sich freilich auch diese Möglichkeit offen halten, d. h. die Möglichkeit, dass Mechanik und Physik in Wert und Tragweite überschätzt sind; doch wollen wir hier den Faden abschneiden. —

Um nun zur »Teleologie« zurückzukommen, so ist uns »innerlich-zweckmässig« das Werden einer Struktur oder ein Geschehen auf Grund einer Struktur; der Begriff »Struktur« hat hier freilich wie in unserer ganzen Erörterung einen weiten, alle geordneten stofflichen Verschiedenheiten einschiessenden Umfang.

Die unter dem Namen »Anpassung« bekannte äussere

Formzweckmässigkeit sei hier nur kurz erwähnt: obschon bisweilen augenfällig (Phyllum), bietet sie oft auch der phantastischen Erörterung mehr Raum als wünschenswerth; sie scheint nicht in dem Masse wie die vorigen Kategorien das eigentliche Wesen des Organischen auszumachen. Von der so überaus seltsamen wechselseitigen Anpassung (Blumen und Insekten) nennen wir hier nur den Namen.

Der morphologischen Reactionszweckmässigkeit wäre an letzter Stelle zu gedenken: die Standortsvarietäten der Pflanzen, namentlich die Wasserpflanzen, gehören hierher. Wenn ich Samen gewisser Wasserpflanzen auf Erdboden säe, so entsteht eine durchaus, zumal histologisch andere »zweckentsprechende« Form. Die Erscheinung ist nicht allgemein[1]); es genügt, dass sie vorkommt.

Durch diese Erscheinungskategorie sind wir nun zum letzten Teil unserer Erörterung geführt, nämlich zur Darlegung des Verhältnisses von Kausalität und Teleologie. Doch sollen hier nur Andeutungen gegeben werden.

Causa und Motiv dürfen nicht verwechselt werden, das ist unser erster, vom Darwinismus leider so oft vergessener Satz: wo die eine gilt, gilt auch das andere, die eine macht nie das andere entbehrlich, aber beide untersuchen eine andere Seite des Nämlichen.

So ist a priori für jede morphologische Veränderung eine wirkliche Causa gefordert, da eben eine Veränderung vorliegt. Da die Causa aber (wie das veränderte Medium beim Beispiel der Wasserpflanzen) als »morphologischer Reiz« wirkt, da sich, kurz gesagt, die Wirkung nicht vorhersagen lässt,

---

[1]) So dürfte Herbsts »Lithiumlarve« zur Zeit jedenfalls nicht als »zweckmässiges« Umwandlungsprodukt des Seeigeltypus angesehen werden können.

so bleibt ein Rest (die Causa geht nicht in der Wirkung auf), und diesen beurteilt Teleologie.

Aber selbst wenn der »Rest« das Aufgelöste bei weitem überragte, ist die Causa ein Postulat, die rein inneren »Umwandlungskräfte« gewisser Descendenztheoretiker sind daher, wie schon oben betont, nicht zulässig.

Wenn ferner der Physiologe die nächsten Ursachen einer Funktion ermittelt, so sagt ihm dieses Studium doch nie und nimmer, warum sie gerade hier und gerade so vor sich geht, warum, um auf ein schon herangezogenes Beispiel zurückzukommen, dieses Tier positiv, jenes negativ heliotropisch ist: hier setzt der Zweckbegriff ein, mag man auch die Funktionen, beispielsweise auch den gleichsam auswählenden Charakter mancher spezifischer Resorptions- und Sekretionsvorgänge auf Grund einer erkannten spezifischen morphologisch-chemischen Struktur noch so gut physikalisch begreifen.

Und um ein drittes, den physikalischen Dingen ähnelndes Beispiel heranzuziehen: so könnte die Entwicklungsmechanik, die Lehre von der in Entwicklung sich äussernden Energieart, wohl einmal zu einer Theorie gelangen, welche nicht nur normale Entwicklung, sondern auch Regeneration, Teilentwicklung etc. etc. gleichmässig und zwar prinzipiell (§ 9) mechanistisch, verständlich machte: aber schlösse das aus, dass man dann sagen würde, man habe da ein Grundgesetz gefunden, welches eminent »zweckmässig« sei?

Also jedes Naturgeschehen hat seine kausale, jedes hat seine teleologische Seite, nur tritt bald diese bald jene mehr hervor.

Stets frage ich bei einem Vorgange zuerst kausal »warum«, d. h. ich forsche nach seiner nächsten Ursache; dann frage ich logisch »warum«, d. h. ich versuche, ob er sich unter allgemeineres subsumieren lasse unter Gewinnung von Einsicht (nicht klassifikatorisch: s. § 6); ist das aber geschehen oder als unmöglich dargethan, wie bei den organischen Formen, dann kann ich nur »wozu« fragen.

Wohl weiss ich, dass die Naturforschung das Wort Teleologie nicht liebt; warum? — Für uns, die wir den Standpunkt des Kantschen Idealismus in dieser Studie vertreten, **auf dem uns Kausalität und Teleologie subjektive Formen der Beurteilung sind,**[1] sehe ich kein Bedenken, auch teleologische Betrachtungen zur Naturforschung zu zählen. Doch mag man in dieser Hinsicht verfahren, wie man will, und meinetwegen sagen, wo Kausalität aufhört, hört auch Naturforschung auf. **Nur vergesse man nicht, dass dann dort etwas anderes, sich an die teleologische Beurteilungsform Anschliessendes anfängt.** Das absichtliche Ausserachtlassen des Teleologischen ist sicherlich ebenso falsch wie sein Gegenteil; es ist schon zu tadeln im Gebiet der Physik, am tadelnswertesten aber im Gebiet der Biologie. Gerade in Hinsicht auf unser eigentliches Objekt, das Wesen und die Veränderung der Formen müssen wir dem grossen Philosophen Recht geben, wenn er sagt:

»Es ist nämlich ganz gewiss, dass wir die organischen Wesen und deren innere Möglichkeit nach blos mechanischen Prinzipien der Natur nicht einmal zureichend kennen lernen, viel weniger uns erklären können; und zwar so gewiss, dass man dreist sagen kann, es ist für Menschen ungereimt, auch nur einen solchen Anschlag zu fassen, oder zu hoffen, dass

---

[1] Wir treiben hier also keine Metaphysik — auch keine Schopenhauersche —, d. h. wir sehen das letzte Empirische (Kräfte, Stoffe, Formen) **und** unsere Verstandeseigenschaften als »gegeben« an.

noch dereinst ein Newton aufstehen könne, der auch nur die Erzeugung eines Grashalms nach Naturgesetzen, die keine Absicht geordnet hat, begreiflich machen werde; sondern man muss diese Einsicht den Menschen schlechterdings absprechen.«

Anhang.

Auf die Frage nach dem Zusammenhang zwischen »Stoff und Form« und was damit zusammenhängt, nach den Beziehungen der Biomorphologie zur Krystallographie, ist im Text nicht eingegangen worden, um unnötige Komplikationen zu vermeiden.

Zunächst gilt es natürlich, sich klar darüber zu werden, was man unter »Stoff« verstehen will. Wenn wir untrennbare spezifische Konstantenkombinationen darunter verstanden,[1] so würde also der Schwefel in seinen Modifikationen ebensoviele »Stoffe« darstellen. Es stimmt hiermit auf chemischer Seite die Ansicht überein, dass jeder Modifikation eine besondere Formel S_n, S_m etc. zukomme, und überhaupt werden wir sagen können, es giebt so viel »Stoffe« als es chemische Formeln giebt. Hierdurch drücken wir das fiktiv aus, was wir oben in anschaulicherer Weise darstellten.

Die Eigenschaft in einer bestimmten, in ein bestimmtes Krystallsystem hineingehörigen Krystallform zu krystallisieren, gehört offenbar mit zur Charakteristik eines Stoffes. Die Thatsache, dass gerade der Schwefel dreifach verschieden krystallisiert (und auch verschiedene Siedepunkte be-

---

[1] Man vergleiche Ostwald, Studien zur Energetik. Ber. üb. d. Verh. d. k. sächs. Ges. d. Wiss. Math.-phys. Klasse. 1891, 1892.

sitzt), stimmt mit obiger Angabe, dass er gar nicht ein Stoff sei.

Die anorganische Form inhärirt also dem »Stoff«, sie macht seinen Begriffsinhalt mit aus; ja, wir können sagen, dass sie eigentlich nur der Ausdruck einer der charakteristischen Konstanten sei, wie das in der modernen Krystalltheorie geschieht.

Charakteristische Konstanten sind also z. B. Dichte, spezifische Wärme, Leitungsfähigkeit, die chemischen Eigenschaftsintensitäten, Krystallform etc. Ein Stoff ist aber schon durch einige wenige dieser, ja, ganz vorwiegend allein durch seine Zusammensetzung aus Elementen (incl. Konstitution) hinreichend gekennzeichnet. Daraus folgt, dass ich Eigenschaften hinwegdenken kann und dann sagen: »diese (weggedachte) Konstante (spezifische Eigenschaft) ist wesentlich für diesen (durch die nicht weggedachten Eigenschaften definierten) Stoff, ist (empirisch) notwendig mit ihm verbunden, ist **Funktion seiner Qualität**«. Denke ich eben die Formeigenschaft weg, so sage ich: »**die Krystallform ist Funktion der Qualität**«.

Dass die Frage, »warum« eine Eigenschaft Funktion der Qualität sei, sowohl kausal wie logisch unbeantwortbar sei, folgt aus dem Text bei geringem Nachdenken und braucht hier nur angedeutet zu werden.

Die anorganische spezifische Form wie jede anorganische spezifische Eigenschaft (Konstante) ist also **Ausdruck eines spezifischen Stoffes**.

Wohl könnte auch sie als etwas Letztes gelten, wie überhaupt jede einzelne vorkommende physikalische Konstante etwas schlechthin Hinzunehmendes ist, über das sich nur systematisch reflektieren lässt. Unsere Darstellung, nach welcher »die Stoffe« dieses Letzte sind, giebt dem einen umfassenden Ausdruck; die Thatsache, dass auch die anorganischen Formen etwas Letztes seien, ist in ihm enthalten und darf daher nicht besonders, etwa als gleichwertiger Satz, betont werden.

Bei den organischen Formen liegen die Dinge nun ganz anders: sie sind nichts Einheitliches wie die Krystalle, sondern etwas Kompliziertes, das erst sekundär Einheitscharakter annimmt; die Embryologie zeigt uns von einem gewissen Stadium die hohe Selbständigkeit der organischen Formenteile: inneres und äusseres Keimblatt entwickeln sich durchaus unabhängig; ja, entfernt man ersteres, so wächst letzteres ungestört in seiner spezifischen Weise weiter.[1]

Dieser »Maschinencharakter« der tierischen Form ist dem Krystallisationscharakter durchaus entgegengesetzt. Mit den Worten »wir dürfen nicht vergessen, dass mit demselben Messingstück Apparate sehr verschiedener Art gebaut werden können, die in spezifischer Weise arbeiten«, hat Pfeffer[2] dieser Thatsache treffenden Ausdruck verliehen; Herbst[3] hat sich dem angeschlossen.

Wir wissen also nicht, ob der organische spezifische Formprozess Funktion einer (unbekannten) Qualität ist; d. h. etwa, ob das »Idioplasma« jeder spezifischen Form chemisch different sei; auf alle Fälle wären die verschiedenen Idioplasmen zunächst nur durch ihre Form gekennzeichnet, so dass wir mit Recht, wie im Text geschehen, diese als das dritte »Letzte« bezeichnen können.

---

1) Driesch, Entwicklungsmechanische Studien, Nr. VII. Mitt. a. d. Zool. Station zu Neapel. Bd. 11.
2) Pflanzenphysiologie. Bd. 2.
3) Loc. cit.

Druck von Breitkopf & Härtel in Leipzig.